Augsberg/Mittler

Der Kurzvortrag im Ersten Examen
Strafrecht

Der Kurzvortrag im Ersten Examen Strafrecht

von

Dr. Steffen Augsberg
o. Professor an der Universität Gießen

und

Barbara Mittler
Richterin am Landgericht, Hamburg

3. Auflage 2019

C.H.BECK

www.beck.de

ISBN 978 3 406 72564 7

Wilhelmstraße 9, 80801 München
Druck: Nomos Verlagsgesellschaft
In den Lissen 12, 76547 Sinzheim

Satz: DTP-Vorlagen der Autoren

Gedruckt auf säurefreiem, alterungsbeständigem Papier
(hergestellt aus chlorfrei gebleichtem Zellstoff)

Vorwort zur 3. Auflage

Seit der letzten Auflage dieses Buches ist auch in Sachsen und Sachsen-Anhalt der Kurzvortrag als Prüfungselement in der ersten justischen Staatsprüfung wieder entfallen, so dass er nur noch in Berlin, Brandenburg, Hamburg und Nordrhein-Westfalen stattfindet. Trotz der damit zwangsläufig verbundenen reduzierten Nachfrage ist in relativ kurzer Zeit eine weitere Neuauflage erforderlich geworden. Wir verstehen das als erfreulichen Hinweis darauf, dass das vorliegende Buch von den Kandidatinnen und Kandidaten weiterhin als sinnvolle und hilfreiche Unterstützung bei der Vorbereitung auf den Kurzvortrag im Strafrecht empfunden wird.

Für die Neuauflage wurde der Text noch einmal durchgesehen; zudem wurden, soweit erforderlich, die Nachweise aktualisiert und die Literaturhinweise ergänzt und teilweise ältere durch neuere ersetzt. Für Anregungen und auch für Hinweise auf nicht durchweg vermeidbare Fehler – am besten per E-Mail an steffen.augsberg@recht.uni-giessen.de – sind wir weiterhin dankbar.

Gießen/Hamburg, September 2018

Steffen Augsberg
Barbara Mittler

Inhaltsverzeichnis

Abkürzungsverzeichnis

a.A.	andere(r) Auffassung
a.a.O.	am angegebenen Ort
Abs.	Absatz
AT	Allgemeiner Teil
Aufl.	Auflage
BGB	Bürgerliches Gesetzbuch
BGH	Bundesgerichtshof
BT	Besonderer Teil
bzw.	beziehungsweise
ders.	derselbe
d.h.	das heißt
f., ff.	folgende
h	Stunde
Hrsg.	Herausgeber
JA	Juristische Arbeitsblätter
Jura	Juristische Ausbildung
JuS	Juristische Schulung
JZ	Juristenzeitung
m.w.N.	mit weiteren Nachweisen
Min.	Minuten
NJW	Neue Juristische Wochenschrift
NStZ	Neue Zeitschrift für Strafrecht
NZV	Neue Zeitschrift für Verkehr
OLG	Oberlandesgericht
Rn.	Randnummer
S.	Seite bzw. siehe
StGB	Strafgesetzbuch
StPO	Strafprozessordnung

Literaturverzeichnis

Bydlinski, Juristische Methodenlehre und Rechtsbegriff, Wien 1982

Fischer, Strafgesetzbuch und Nebengesetze, 65. Aufl. München 2018

Gast, Juristische Rhetorik, 5. Aufl. Heidelberg 2015

Gropp, Strafrecht Allgemeiner Teil, 4. Aufl. Berlin 2015

Haft, Juristische Rhetorik, 8. Aufl. Freiburg 2009

Hillenkamp/Cornelius, 32 Probleme aus dem Strafrecht. Allgemeiner Teil, 15. Aufl. München 2017

Hillenkamp, 40 Probleme aus dem Strafrecht. Besonderer Teil, 12. Aufl. München 2013

Jäckel, Der zivilrechtliche Aktenvortrag im Assessorexamen, 4. Aufl. München 2016

Jescheck/Weigend, Lehrbuch des Strafrechts. Allgemeiner Teil, 5. Aufl. Berlin 1996

Karlsruher Kommentar zur Strafprozessordnung, 7. Aufl. München 2013

Krey/Esser, Deutsches Strafrecht Allgemeiner Teil, 6. Aufl. Stuttgart 2016

Krey/Hellmann/Heinrich, Strafrecht. Besonderer Teil. Band 1: Besonderer Teil ohne Vermögensdelikte, 16. Aufl. Stuttgart 2015

Krey/Hellmann/Heinrich, Strafrecht. Besonderer Teil. Band 2: Vermögensdelikte, 17. Aufl. Stuttgart 2015

Lackner/Kühl, Strafgesetzbuch,28. Aufl. München 2014

Larenz/Canaris, Methodenlehre der Rechtswissenschaft, 3. Aufl. Berlin 1995

Meyer-Goßner/Schmitt, Strafprozessordnung, 60. Aufl. München 2017

Münchener Kommentar zum Strafgesetzbuch, Band 4: §§ 185–262 StGB, 3. Aufl. München 2017

Schönke/Schröder, Strafgesetzbuch, 29. Aufl. München 2014

Wagner, Grundlagen der mündlichen Kommunikation, 9. Aufl. Regensburg 2004

Wessels/Beulke/Satzger, Strafrecht. Allgemeiner Teil. Die Straftat und ihr Aufbau, 47. Aufl. Heidelberg 2017

Wessels/Hettinger/Engländer, Strafrecht. Besonderer Teil/1. Straftaten gegen Persönlichkeits- und Gemeinschaftswerte, 41. Aufl. Heidelberg 2017

Wessels/Hillenkamp, Strafrecht. Besonderer Teil/2. Straftaten gegen Vermögenswerte, 40. Aufl. Heidelberg 2017

Kapitel 1. Grundlagen

§ 1. Zum Umgang mit diesem Buch

1 Mit der Reform der Juristenausbildung im Jahre 2003[1] wurde nicht nur das universitäre Studienprogramm umgestaltet und das Erste Juristische Staatsexamen um einen zusätzlichen, den einzelnen Fakultäten überantworteten Prüfungsteil in sog. Schwerpunktbereichen erweitert. Auch die Anforderungen hinsichtlich des staatlichen Examensteils haben sich gewandelt, und zwar nicht allein hinsichtlich der Zusammenstellung und Anzahl der Klausuren, sondern auch mit Blick auf die abschließende mündliche Prüfung.

2 Die Gründe hierfür sind schnell benannt: Eines der Hauptziele der Reform liegt darin, die Ausbildung stärker auf die spätere berufliche Tätigkeit hin auszurichten. Dem dient neben einer verstärkten Spezialisierungsmöglichkeit schon im Studium vor allem die Stärkung der sog. Schlüsselqualifikationen. Es ist insoweit nur folgerichtig, wenn diese arbeitsmarktorientierte Sichtweise auch auf den Prüfungsabschnitt durchschlägt und namentlich der mündlichen Leistungsfähigkeit gegenüber der schriftlichen ein zusätzliches Gewicht eingeräumt wird. Denn sowohl in der Anwaltschaft als auch in der Justiz – um nur die beiden ganz klassischen juristischen Betätigungsfelder zu nennen – kommt der professionellen, fach- und sachgerechten Präsentation der eigenen Lösungsvorschläge erhebliches Gewicht zu.[2]

3 Natürlich lassen sich komplexere Sachverhalte am besten oder doch leichter in schriftlicher Form darstellen. Dennoch wird regelhaft eine mündliche Erörterung jedenfalls nicht vollständig ausgeschlossen sein. Selbst bei einfacheren Fallkonstellationen wird man insoweit allerdings bei der gebotenen realitätsnahen Betrachtung anzunehmen haben, dass die betroffenen Berufsträger keinesfalls völlig unvorbereitet in eine Besprechung, Verhandlung o.ä. gehen, sondern sich auf ein im Vorhinein überlegtes und gegebenenfalls jedenfalls in den Grundzügen schriftlich fixiertes Konzept stützen.

---

[1] Dazu etwa *Gilles/Fischer*, NJW 2003, 707 ff.; *Hommelhoff/Teichmann*, JuS 2002, 839 ff.; *Kessler*, JA 2003, 712 ff.; *Windel*, Jura 2003, 79 ff.

[2] Vgl. *Dylla-Krebs*, NWVBl. 2003, 369 (371).

4 Dies verdeutlicht, warum die klassische mündliche Prüfung, in der die Kandidaten[3] ohne längere Vorbereitungszeit auf ihr Präsenzwissen hin abgefragt werden, insoweit nicht unbedingt praxisnah und folglich durchaus ergänzungsbedürftig ist. Dementsprechend werden im Rahmen des Zweiten Examens (sog. Assessorexamen) schon seit jeher die mündlichen Prüfungsgespräche durch sog. Aktenvorträge ergänzt, bei denen die Kandidaten eine gewisse Vorbereitungszeit erhalten, um einen zugewiesenen Aktenauszug einer sodann mündlich zu präsentierenden Lösung zuzuführen. Hierzu ist bereits eine recht große Anzahl an Ausbildungsliteratur erhältlich.[4]

5 Die Menge einschlägiger Ausbildungshilfen in diesem Bereich veranschaulicht treffend, dass diese besondere Prüfungssituation keineswegs von vornherein mit einer „mündlichen Klausur" gleichgesetzt werden darf, sondern spezifische Anforderungen stellt und mithin eine spezifische Vorbereitung voraussetzt. Und tatsächlich lassen sich charakteristische Besonderheiten ausmachen, die ein besonderes „Training" verlangen. Wegen der abweichenden Zielsetzung hinsichtlich des Prüfungsinhalts bilden indes die zum Assessorexamen erhältlichen Publikationen kaum eine sinnvolle Hilfestellung für den Vortrag im Ersten Examen. Für diesen kommt es darauf an, die allgemeinen Anforderungen an einen mündlichen Vortrag mit denjenigen Sachanforderungen zu verbinden, die gerade im Ersten Examen von den Kandidaten erwartet werden.

6 Letzterem dient dieses Buch. Es soll zum einen in einem einführenden ersten Teil (§§ 2–3) mit den rechtlichen Grundlagen der neuen Prüfungssituation vertraut machen und eine allgemeine Einführung in die Spezifika einer mündlichen juristischen Falllösung bzw. Themendarstellung leisten.

Hierauf aufbauend kann sodann in einem zweiten Teil das eigentliche Training in Angriff genommen werden. Zu diesem Zwecke enthält das Buch in Teil 2 elf verschiedene, auf ihre Praxisnähe hin abgestimmte und beispielhaft ausgesuchte Vortragsgestaltungen. Deren Lektüre ersetzt selbstredend nicht die erforderliche intensive Ausei-

---

[3] Hier wie im Folgenden sind mit der nur aus Gründen der Leseerleichterung verwendeten männlichen Form natürlich auch die Kandidatinnen gemeint.

[4] Z.B. *Jäckel*, Der zivilrechtliche Aktenvortrag im Assessorexamen, 4. Aufl. 2016; *Janssen*, Der Aktenvortrag im Öffentlichen Recht, 4. Aufl. 2011; *Schmitz*, Der Aktenvortrag im Strafrecht, 4. Aufl. 2010; *Pagenkopf/Pagenkopf/Rosenthal*, Der Aktenvortrag im Assessorexamen, 5. Aufl. 2016. Für das erste Examen ist bislang erschienen *Pagenkopf/Rosenthal/Rosenthal*, Der Vortrag im 1. juristischen Examen, 2007.

nandersetzung mit dem nach den jeweiligen Landesjustizausbildungsgesetzen vorgegebenen Lernstoff für das Erste Examen. Die Zusammenstellung der Fallgestaltungen bzw. thematischen Fragestellungen gewinnt ihren ordnenden Zusammenhang daher nicht aus dem Versuch, in Kurzform ein Repetitorium der wichtigsten examensrelevanten Probleme zu leisten – auch wenn selbstverständlich die angesprochenen Problemkonstellationen sämtlich examensrelevant sind. Vielmehr geht es uns vor allem darum, exemplarisch typische Aufgabenstellungen aufzunehmen, anhand derer die für die meisten Studenten noch weitgehend bis völlig ungewohnte Situation eines mündlichen Vortrags eingeübt werden kann.

Damit ist auch klar, dass sich das vorliegende Werk nicht als auf 7
bloße Wissensvermittlung hin angelegtes Lehrbuch im klassischen Sinne versteht, das den Leser weitgehend in einer passiven Rolle belässt. Vielmehr soll es gerade in seinem zweiten Teil als auf Interaktion angelegtes Übungsbuch genutzt werden. Wer an das eigenständige Lernen und Arbeiten gewöhnt ist, kann bzw. sollte daher zunächst nur die Aufgabenstellung lesen, auf deren Basis in der festgelegten Zeit sich an der Skizzierung einer Lösung versuchen, sodann den Vortrag halten und ihn nachträglich mit dem hier vorgeschlagenen vergleichen.

Besser und einfacher dürfte es aber sein, sich mit mindestens einem weiteren Kommilitonen in Übungsgemeinschaften wechselseitig zu überhören und gegebenenfalls zu korrigieren. Dabei kann es durchaus sinnvoll sein, wenn zweimal oder sogar öfter derselbe Fall von unterschiedlichen Personen verwandt wird. Denn die vorgetragene Lösung wird nie vollständig identisch sein, und gerade in der vergleichenden Perspektive werden mitunter die eigenen Defizite, aber auch die persönlichen Stärken erst recht deutlich.

Vor diesem Hintergrund versteht sich, zum einen, von selbst, dass 8
erst ganz am Ende eines derartigen Lernprozesses der Abgleich mit den vorgegebenen Lösungshinweisen stehen sollte. Es folgt daraus aber auch, zum zweiten, dass letztere keine absolute Zielvorgabe beinhalten.

Die hier abgedruckten einzelnen Vortragsgestaltungen verstehen sich dementsprechend auch keineswegs als die einzig richtige Herangehensweise. Es sind vielmehr bloße Vorschläge, die aus didaktischen Gründen zudem tendenziell so ausführlich und lang sind, dass sie sich in dieser Form im vorgegebenen Zeitrahmen kaum verwirklichen lassen dürften. Eine einhundertprozentige Umsetzung ist ebenso wenig verlangt wie sie überhaupt erstrebenswert erscheint. Völlig verfehlt wäre es daher z.B., sich der langwierigen und mühsamen Anstrengung zu unterziehen, einzelne Passagen oder gar ganze Abschnitte auswendig zu lernen. Das schließt es zwar nicht aus, gegebenenfalls einzelne, als besonders gelungen erachtete Formulierungen zu übernehmen.

Allgemeines Ziel sollte es aber lediglich sein, sich in Annäherung an die hier vorgelegten Beispiele um eine klar strukturierte und sprachlich wie sachlich präzise Auseinandersetzung mit den in der Aufgabenstellung angelegten Problemen zu bemühen.

9 Die eine richtige Lösung, die perfekte Formulierung gibt es hier nicht; stattdessen ist es Aufgabe jedes einzelnen Prüflings, die über Jahre hinaus aufgebauten und daher allenfalls mit größtem Aufwand wegzutrainierenden persönlichen Sprechgewohnheiten in eine juristisch saubere und gut verständliche Vortragsweise zu integrieren.[5] Nur wer sich nicht als ein anderer gibt, als er ist, wird typischerweise sicher auftreten können, und auf den sicheren und bestimmten Auftritt kommt es gerade an dieser Stelle besonders an. Noch stärker als in der schriftlichen dürfte bei der mündlichen Präsentation zutreffen, dass die Art und Weise, in der eine bestimmte (schlimmstenfalls: grob falsche) Lösungsvariante vorgestellt wird, entscheidenden Einfluss auf die Endnote besitzt.

10 Das bedeutet dann zwar nicht unbedingt, dass eine in sich unstimmige und unlogische Argumentation nur deshalb akzeptiert wird, weil der Vortragende besonders souverän agiert (bzw. richtiger: zu agieren scheint). Sehr wohl allerdings kann eine unsichere, mit brüchiger Stimme leise und hastig „heruntergerasselte" Präsentation zu (erheblichen) Punktabzügen führen, selbst wenn die gegebene Lösung an sich nicht zu beanstanden ist. Auch deshalb sollte nicht nur das Lernprogramm nicht bereits mit der Lektüre dieses Buches für abgeschlossen erklärt werden, sondern um die beschriebenen Übungselemente ergänzt werden. Wann immer möglich, sollte zudem die von den Universitäten teilweise angebotene Gelegenheit zu einer simulierten mündlichen Prüfung wahrgenommen werden.

11 Dergestalt vorbereitet, sollte der Vortrag im Ersten Examen weniger als bedrohlich empfunden denn als eine echte Chance genutzt werden. Für die meisten Prüflinge dürfte es sich ohnehin eher vorteilhaft auswirken, vorab eine gewisse Zeit über die eigene Lösung nachdenken zu können, diese also nicht ad hoc entwickeln zu müssen. Sie können infolge der zugewiesenen Bedenkzeit auch schon alternative Szenarien gedanklich durchspielen und sind damit eher imstande, auf potentielle Einwände der Prüfer adäquat zu reagieren. Es entfällt insoweit auch der zusätzliche Druck, den Antworten der anderen Kandidaten folgen

---

[5] Dazu noch im Einzelnen unten Rn. 50 ff.

zu müssen, um so die Anschlussfähigkeit der eigenen Ausführungen an das laufende Prüfungsgespräch sicherzustellen. Schließlich und vor allem gewährleistet der Vortrag eine erhöhte Prüfungsgerechtigkeit, weil alle Kandidaten mit derselben Aufgabenstellung konfrontiert werden und in derselben Zeit einen als Vergleichsmaßstab tauglichen Lösungsvorschlag anbieten. Niemand muss also befürchten, an einer besonders ungünstigen Stelle befragt oder aber insgesamt zu wenig berücksichtigt zu werden. Alle Kandidaten haben zudem an dieser Stelle Gelegenheit, anders als im anschließenden Prüfungsgespräch die eigenen Gedanken über einen längeren Zeitraum hinweg zu entwickeln und darzustellen.

Das Erlernen der korrekten methodischen Vorgehensweise gelingt typischerweise nicht ohne Fallbezug, sondern setzt eine intensive Anwendung des Gelesenen voraus. Sie sollten daher Ihre Fähigkeiten an Fallbeispielen trainieren und dabei möglichst gemeinsam mit Kommilitonen bewusst an vorhandenen Fehlern arbeiten. Die Mühe lohnt sich! **12**

§ 2. Rechtliche Grundlagen der Kurzvorträge

Die folgenden Bundesländer haben ihre Justizausbildungsgesetze 13
bzw. -verordnungen bereits so umgestellt, dass auch im ersten Examen ein mündlicher Vortrag zu halten ist:

- Berlin
- Brandenburg
- Hamburg
- Nordrhein-Westfalen

Insbesondere in den süddeutschen Bundesländern ist hingegen eine 14
entsprechende Gesetzesänderung nicht vorgenommen worden. Nach Auskunft der dortigen Justizprüfungsämter ist sie dort zumindest derzeit auch nicht geplant. Soweit hingegen der Vortrag bereits zum gegenwärtigen Zeitpunkt Teil der staatlichen Pflichtfachprüfung ist, sind die einschlägigen Voraussetzungen einerseits durchaus ähnlich, weisen aber andererseits doch Unterschiede im Detail auf. Diese ergeben sich im Einzelnen aus den im Anhang[6] wiedergegebenen landesrechtlichen Grundlagen und den dazu von den Prüfungsämtern veröffentlichten Hinweisen. Im Überblick lassen sich die jeweiligen Vorgaben der nachstehenden Tabelle entnehmen:

Bundesland	**Rechtsgrundlage**	**Vortragsdauer**	**Vorbereitungszeit**	**Auswahl des Rechtsgebietes**
Berlin/ Brandenburg (Gemeinsames Prüfungsamt)	§ 9 Abs. 2 JAO Berlin/ § 9 Abs. 2 BbgJAO	10 Min.; anschl. max. 5 Min. Vertiefungsgespräch	1 h	Wahl des Rechtsgebiets durch den Prüfling, ggf. durch das Prüfungsamt (wenn nicht rechtzeitig durch den Prüfling).
Hamburg	§ 20 HmbJAG	Max. 10 Min.; „anschließende Rückfragen sind möglich".	1 h	Keine Wahlmöglichkeit, keine Vorabinformation.
Nordrhein-Westfalen	§ 15 Abs. 4 JAG NRW	Max. 12 Min.	1 h	Keine Wahlmöglichkeit, aber Vorabinformation über das Rechtsgebiet mit der Ladung.

[6] Dort auch die jeweiligen Fundstellen.

§ 3. Juristische Methodik und die Vortragssituation

Vorliegend kann keine allgemeine juristische Methodenlehre geleistet werden, sondern es sollen nur einige zusammenfassende Hinweise gegeben werden, deren Beachtung realistischerweise auch in der mündlichen Prüfungssituation erwartet werden kann. Deshalb werden nachfolgend zunächst einige kurze allgemeine Aussagen zur juristischen Fallbearbeitung zusammengetragen, wobei jeweils die durch die spezifische Prüfungssituation bedingten Besonderheiten eingehender Erwähnung finden (dazu A.). In einem zweiten Schritt sind dann solche Vortragsgestaltungen in den Blick zu nehmen, die nicht die Lösung eines Falles, sondern die Darstellung eines Themenkomplexes verlangen (dazu B.). Unabhängig hiervon sind schließlich die Bemerkungen zur Vortragstechnik (dazu C.). Da konkretere Aussagen zur Methodik naturgemäß stets streng sowohl auf das betroffene Rechtsgebiet als auch auf den jeweiligen Prüfungszusammenhang rückbezogen sind, erfolgen zudem nähere Hinweise auf das gebotene Vorgehen innerhalb der Lösungsvorschläge im zweiten Teil des Buches. 15

A. Grundzüge der Methodik der juristischen Fallbearbeitung unter Berücksichtigung der besonderen Erfordernisse einer mündlichen Präsentation

Das selbstreflexive Nachdenken über ihre Methodik gehört zu den klassischen Tätigkeitsfeldern der Jurisprudenz. Ausgehend von der Erkenntnis, dass zwischen dem vorgegebenen Lebenssachverhalt und den anzuwendenden Normen zunächst ein weiter Abgrund klafft, muss nach Möglichkeiten gesucht werden, (im Idealfall: wieder verwendbare) Brücken zu bauen. Dies leistet eine abgestimmte Methodik, die damit zugleich einer wesentlichen Gerechtigkeitsforderung Rechnung trägt, weil sie die weitgehende Gleichbehandlung sicherstellt. Es ist deshalb keineswegs reine akademische Beschäftigungstherapie, wenn immer wieder über die korrekte methodische Vorgehensweise debattiert wird.[7] 16

Im Folgenden soll indes mit Blick auf die intendierte Praxisbezogenheit nicht die theoretische Auseinandersetzung mit einzelnen methodischen Grundüberlegungen im Vordergrund stehen, sondern es sollen im Sinne eines reflektierten Auslassens allein die unmittelbar für die Fallbearbeitung innerhalb eines mündlichen Vortrags relevanten Arbeitsmaxi-

---

[7] Klassisch dazu z.B. *Larenz/Canaris*, Methodenlehre der Rechtswissenschaft; *Bydlinski*, Juristische Methodenlehre und Rechtsbegriff.

men dargestellt und erläutert werden. Die Ausführungen sind daher als eine Art „Checkliste“ zu verstehen, anhand derer im Einzelfall vorgegangen werden sollte, ohne dass indes stets alle hier aufgeführten Punkte für die konkrete Fallkonstellation zur Anwendung kommen müssen.

I. Sachverhaltsanalyse

17 Rechtsarbeit ist Textarbeit. Das gilt gerade im Studium nicht nur für die Auseinandersetzung mit den einschlägigen Gesetzestexten, sondern auch für die Beschäftigung mit dem vorgegebenen Aufgabentext. Dessen sorgfältige und differenzierte Analyse ist deshalb Ausgangspunkt und wichtigste Grundlage aller Folgeüberlegungen. Es kann kaum genug betont werden, wie entscheidend es ist, gerade an dieser Stelle gründlich und gewissenhaft zu arbeiten.

Anders als im Assessorexamen hat der Kandidat im Referendarexamen typischerweise nicht einen Aktenauszug vor sich, aus dem heraus er erst den unstreitigen und streitigen Vortrag zu einer umfassenden Tatbestandsdarstellung konstruieren muss, sondern kann und muss sich voll auf den gegebenen Sachverhalt verlassen. Umso wichtiger ist es aber dann, keinen Fehler bei der Umsetzung des Gelesenen in das Gesprochene zu begehen. Wer beispielsweise Jahreszahlen vertauscht oder vergisst, kann ein entscheidendes Verjährungsproblem vollständig übersehen, wer den Beteiligten nicht die jeweils korrekten Handlungsbeiträge zuordnet, wird Täterschaft und Teilnahme nicht mit der gebotenen Präzision prüfen können.

18 Gefordert ist daher vor allem ein sorgsames Lesen sowohl des Sachverhaltes als auch der Fallfrage sowie gegebenenfalls des Bearbeitervermerks. Letzteres ist hier von besonderer Wichtigkeit. Denn auch die sorgfältigste Lektüre nützt wenig, solange man nicht weiß, worum es dem Aufgabensteller eigentlich geht. Gerade in der Situation eines mündlichen Vortrags kann es diesem aber angemessen erschienen sein, eine Eingrenzung auf einen bestimmten Fragenkomplex vorzunehmen.

Beispiel: *„Amtsdelikte sind nicht zu prüfen.“ oder „Straftatbestände nach dem Waffengesetz sowie die §§ 123, 240 und 241 StGB sind nicht zu prüfen.“*[8]

Wer das übersieht und jenseits des Verlangten prüft, verliert nicht nur kostbare Zeit bei der Vorbereitung und beim Vortrag selbst, sondern erbringt auch eine fehlerhafte Prüfungsleistung.

---

[8] S.u. Rn. 98, 114.

Deshalb ist es unerlässlich, zuerst den Bearbeitervermerk mit der Fallfrage zu lesen. Hieraus ergibt sich zumeist in hinreichender Klarheit, welche Aspekte schon beim ersten Lesen des Sachverhalts besonderer Aufmerksamkeit bedürfen. Zusätzlich sollte nach der ersten Durchsicht noch einmal eine Kontrollüberlegung hinsichtlich der konkreten Aufgabenstellung erfolgen.

Mit Blick auf den Sachverhalt sollte sich der Kandidat im Übrigen **19**
zunächst ganz allgemein über a) die beteiligten Personen/Institutionen, b) die zeitliche Reihenfolge des Geschehens sowie c) die streitigen Rechtspositionen klar werden. Als hilfreich erweisen sich Skizzen, durch die der Sachverhalt anschaulich gemacht wird. Der Bearbeiter sollte zur Wiedergabe der tatsächlichen Verhältnisse imstande sein.

Der Sachverhalt ist als gegeben hinzunehmen, auch wenn er lebensfremd oder unwahrscheinlich erscheint. Keineswegs dürfen eigenmächtige Ergänzungen oder Interpretationen auf spekulativer Basis vorgenommen werden. Sollte dennoch ausnahmsweise eine Sachverhaltsauslegung erforderlich sein, muss diese an der normalen Lebenserfahrung orientiert erfolgen und vor allem später den Zuhörern gegenüber offen gelegt werden.

Beispiel: *„Es war für den Täter bei dieser Sachlage klar erkennbar, dass sein Verhalten zu einer Verletzung der körperlichen Integrität des Opfers führen könnte. Mithin nahm er diese Verletzung zumindest billigend in Kauf.“*

Des Weiteren kann als Arbeitshypothese davon ausgegangen werden, dass der Sachverhalt nicht nur vollständig ist, sondern auch keine überflüssigen, d.h. für die Lösung bedeutungslosen Informationen enthält. Insbesondere in den (meist knappen) Fallgestaltungen der mündlichen Vorträge dürften kaum Ausführungen enthalten sein, die bloßes Beiwerk ohne inhaltliche Bedeutung sind. Falls daher bestimmte Aspekte des Aufgabentextes nicht in der eigenen Lösungsvariante verwertet werden, sollte diese Beobachtung Anlass bieten, die Lösung erneut zu durchdenken. Schweigt der Sachverhalt andererseits zu bestimmten Aspekten, kann das als ein Indiz für einen unproblematischen Punkt betrachtet werden (das betrifft im Strafrecht namentlich Fragen der Rechtwidrigkeit und/oder der Schuld).

Umgekehrt kann häufig bereits aus dem Sachverhalt heraus deutlich **20**
werden, welche Punkte vertiefter Erörterung bedürfen. Anhaltspunkte sind insoweit insbesondere wiedergegebene rechtliche bzw. rechtlich relevante tatsächliche Ausführungen.

Beispiel: *„Die Folie konnte ohne eine Beschädigung des Verkehrsschildes entfernt werden."*

Hier wird vom Bearbeiter in aller Regel eine – zustimmende oder widerlegende – Auseinandersetzung erwartet; was vom Aufgabensteller ersichtlich für erwähnenswert erachtet wurde, sollte daher auch in der eigenen Lösung nicht unerörtert bleiben.[9] Es empfiehlt sich schließlich, nach Abfassung der Lösungsskizze den Sachverhalt noch einmal kritisch durchzusehen, um auf Basis der gefundenen rechtlichen Lösung erneut zu überprüfen, ob tatsächlich alle vorgegebenen Informationen aufgenommen und umgesetzt wurden.

Das bedeutet, dass der – regelmäßig allerdings relativ knappe – Text trotz der Kürze der Vorbereitungszeit mindestens zweimal gelesen werden muss. Sinnvoll ist es dabei, sich zunächst auf das tatsächliche Geschehen zu konzentrieren und (erst) im zweiten Durchgang die Aufgabenstellung noch einmal mit besonderer Aufmerksamkeit für die rechtlichen Aspekte zu lesen. Gerade mit Blick auf das juristische Vorverständnis ist Vorsicht vor sog. falschen Freunden angebracht: Gemeint sind damit vermeintlich typische Konstellationen, die zu einer bestimmten Lösung einzuladen scheinen. Häufig werden hier doch Abweichungen vom Bekannten vorliegen, die sich unter Umständen gravierend auf die Lösung auswirken.

21 Ob darüber hinaus mit Textmarkern u.ä. gearbeitet werden sollte, ist nicht abstrakt zu entscheiden, sondern weitgehend von der persönlichen Präferenz abhängig. Allerdings birgt ein derartiges Vorgehen die Gefahr, beim ersten Durchgang auch letztlich Unwichtiges hervorzuheben bzw. relevante Tatsachen oder Aussagen durch die versehentliche Nichterfassung in den Hintergrund zu rücken. Gerade die eigenen Markierungen und ihre sachliche Berechtigung müssen daher im zweiten Durchgang noch einmal besonders kritisch untersucht werden.

22 Das sorgfältige Lesen und exakte Verstehen des Sachverhalts einschließlich der Fallfrage und des Bearbeitervermerks ist unerlässliche Voraussetzung für einen gelungenen Vortrag. Je nach Komplexität kann es erforderlich sein, den Sachverhalt mehrfach zu lesen, um auszuschließen, dass Sie wichtige Informationen und Zusammenhänge übersehen haben. Besondere Vorsicht ist bei scheinbar bekannten Fallkonstellationen angebracht. Hier müssen Sie genau

[9] Im Beispiel ist also auf die Bedeutung der (fehlenden) Substanzverletzung einzugehen, s.u. Rn. 98, 107.

darauf achten, ob nicht doch Unterschiede vorliegen, auf die es dann u.U. entscheidend ankommt!

II. Auffinden der relevanten Normen

Schon während der Lektüre des Sachverhaltes können erste Assoziationen bzw. Erkenntnisse in Bezug auf bestimmte Normen oder Normenkomplexe aufkommen, die unbedingt festgehalten werden sollten, um die entsprechenden Einfälle später noch einmal auf ihre Stimmigkeit hin überprüfen zu können. Im Übrigen ist aber grundsätzlich die Auseinandersetzung mit den einschlägigen rechtlichen Grundlagen nur auf Basis eines umfassend aufbereiteten Sachverhalts sinnvoll möglich. Es gilt daher an dieser Stelle, die konkreten Rechtsgutverletzungen und sonstigen rechtlich relevanten Handlungen einer gesetzlichen Grundlage zuzuordnen. **23**

Das bereitet erfahrungsgemäß im Strafrecht vergleichsweise wenig Probleme, da die potenziell einschlägigen Straftatbestände relativ begrenzt sind. Auch hier ist aber Vorsicht geboten. So kann unter Umständen eine besondere Strafbarkeit gegeben sein, wenn ein Amtsträger handelte, oder ein besonderes Näheverhältnis kann einen persönlichen Strafausschließungsgrund begründen. V.a. aber ist auf Vollständigkeit und Genauigkeit zu achten. Das betrifft nicht nur die Auseinandersetzung mit allen ernsthaft in Betracht kommenden Tatbeständen, sondern beispielsweise auch die einzelnen Qualifikationsmerkmale. **24**

Ferner ist allgemein auch hier vor „falschen Freunden“ zu warnen. Wer daher meint, die relevante Bestimmung gefunden zu haben, ist regelmäßig gut beraten, auch die „benachbarten“ Normen zu lesen, um auszuschließen, dass eine von diesen einschlägig ist, weil sie eine der konkreten Fallkonstellation entsprechende Qualifikation aufweist. **25**

III. Erstellen einer Lösungsskizze

In den Klausuren kann unter Umständen das Erstellen einer Lösungsskizze als überflüssig oder gar hinderlich empfunden werden, weil mancher Gedankengang sich erst beim Schreiben selbst entwickelt, die Festlegung im Vorhinein also nur schwer möglich erscheint. Letztlich dürfte es hier den persönlichen Vorlieben und der eigenen Zeiteinteilung überlassen sein, ob man eine bereits sehr ausführliche, nur rudimentäre oder gar keine Lösungsskizze erstellt. **26**

Demgegenüber erscheint in der Situation des mündlichen Vortrags die Erstellung einer Lösungsskizze als nahezu zwingend, weil die

Kandidaten sich während des eigentlichen Vortrags auf dessen Präsentation konzentrieren müssen und nicht noch um die richtige rechtliche Lösung ringen dürfen. Trotz der grundsätzlichen inhaltlichen Vergleichbarkeit der Konstellationen ist daher in diesem Fall unbedingt ratsam, die eigenen Überlegungen möglichst rasch zu Papier zu bringen. Wenn die Zeit reicht, sollte darüber hinaus schon im Interesse der Lesbarkeit und Verständlichkeit auf Basis dieser Skizze noch ein stichwortartiges „Vortragsmanuskript" erstellt werden. Das ermöglicht es auch, die Konsistenz der eigenen Darstellung noch einmal kritisch zu hinterfragen. Wer indes dies nicht mehr schafft, kann immerhin die eigene Lösungsskizze als Gedächtnisstütze verwenden und muss nicht befürchten, vollständig den Faden zu verlieren.[10]

IV. Aufbau und Darstellung

27 Ähnlich wie in den schriftlichen Arbeiten besitzt die Wahl eines in sich stringenten und durchgängig konsistenten Aufbaus oberste Priorität. Ziel der Prüfung ist es schließlich nicht primär, das Sonderwissen in Bezug auf einen bestimmten rechtlichen Problemkomplex abzufragen. Statt dessen sollen die Kandidaten ihre Fähigkeit unter Beweis stellen, sich unter Inanspruchnahme der erlernten allgemeinen Prüfungshilfestellungen (mehr leisten die sog. Schemata keinesfalls) mit einer zunächst unbekannten juristischen Fragestellung auseinanderzusetzen, dabei das Neue mit dem mitgebrachten Wissen zu verbinden und insgesamt in eine Reihenfolge der Gedanken zu setzen, die nicht nur auf das richtige oder jedenfalls gut vertretbare Ergebnis hinführt, sondern den eingeschlagenen Weg stets klar erkennen lässt.

Die Vortragssituation schließt es dabei aus, bei eventuellen Unsicherheiten noch einmal „zurückzublättern", um sich der Sinnhaftigkeit des Vorgehens zu vergewissern. Umso bedeutsamer ist es deshalb, durch eine klare Struktur dem Zuhörer die Konzentration auf das Gesagte zu erleichtern. Wer sich beständig fragt, was gerade und warum an dieser Stelle geprüft wird, wird Schwierigkeiten haben, die vielleicht im Detail durchaus zutreffenden Ausführungen ausreichend zu würdigen. Es entspricht daher dem wohlverstandenen Eigeninteresse des Prüflings, sich vorab insbesondere mit der logisch oder rechtlich gebotenen Darstellungsreihenfolge auseinanderzusetzen. Gerade in diesem Punkt kann sich die Lösungsskizze als sehr hilfreich erweisen.

---

[10] Zur (psychologischen) Bedeutung von Vortragsnotizen siehe unten Rn. 58.

1. Konzentration auf das Wesentliche

Präsentieren bedeutet komprimieren. Während in einer fünfstündigen **28**
Examensklausur unter Umständen auch abwegigen Gedanken nachgegangen werden kann, sollte die knappe Zeit eines mündlichen Vortrags (je nach Bundesland 5–12 Minuten, s.o.) nur auf die unmittelbar einschlägigen zentralen Probleme verwendet werden. Das verlangt jedenfalls in einer Vielzahl von Fällen, wenn nicht stets, das bewusste Auslassen bestimmter für irrelevant oder jedenfalls weniger entscheidend erachteter Komplexe. Die gebotene ausführliche juristische Prüfung ist eben nur im Kontext der jeweiligen Prüfungssituation zu verstehen; letztlich lassen sich niemals alle durch eine bestimmte Sachverhaltskonstellation aufgeworfenen Fragen wirklich umfassend beantworten.

Die Bearbeiter sind deshalb gehalten, sich nicht nur über die potentiell aufgeworfenen Rechtsprobleme und die einschlägigen Normen(komplexe) klar zu werden und diese nach ihrer Relevanz für die Fallfrage zu ordnen. Sie müssen sich auch Gedanken darüber machen, welche Problembereiche eventuell so abwegig oder ersichtlich nicht einschlägig sind, dass auch eine nur oberflächliche Prüfung entbehrlich erscheint.

Ähnliches gilt auch für die kleinteiligere Prüfung einzelner Normen. Hier ist nicht nur in sprachlicher Hinsicht ein vernünftiges Verhältnis von Gutachten- und Urteilsstil zu finden.[11] Zudem muss überlegt werden, in welcher Ausführlichkeit eine bestimmte Aussage argumentativ unterlegt werden muss. In der Regel wird es gerade im Strafrecht geboten sein, einzelne Tatbestandsmerkmale jedenfalls bei der ersten Erwähnung kurz zu definieren. Das gilt selbst für so gebräuchliche Definitionen wie etwa die der Körperverletzung oder der Wegnahme.

> ***Beispiel:*** *„Unter Wegnahme versteht man den Bruch fremden und die Begründung neuen, nicht notwendigerweise tätereigenen Gewahrsams."*[12]

Auf der anderen Seite kann aber eine besonders komplizierte, mithin zeitintensive Fallgestaltung es auch angezeigt erscheinen lassen, derartige „Selbstverständlichkeiten" eher en passant zu streifen als intensiver zu erörtern.[13] Auch an dieser Stelle sind somit ein gewisses Fingerspitzengefühl und vor allem eine nur durch Übung zu erlangende Einschätzung der eigenen Zeitbedürfnisse erforderlich.

---

[11] Dazu näher unten Rn. 67 ff.

[12] S. unten Rn. 116.

[13] S. etwa unten Rn. 206 ff.

2. Allgemeine Aufbauregeln

29 Grundsätzlich gilt, dass der Aufbau von der jeweiligen Fallfrage abhängig ist. Deren Vorgaben sind damit Ausgangs- und Fixpunkt der Darstellung. Ist hingegen keine klare Prüfungsreihenfolge zu entnehmen, weil etwa nur nach der Strafbarkeit der Beteiligten gefragt ist, sind ein paar allgemeine Aufbauregeln zu beachten.

30 – **Bildung von Tatkomplexen**: Im Sinne der Übersichtlichkeit kann es insbesondere bei komplexeren oder längere Zeitabschnitte umfassenden Geschehensabläufen geboten sein, die Prüfung in Sachverhaltsabschnitte/Tatkomplexe zu unterteilen.

31 – **Personenbezogene Prüfung**: Grundsätzlich erfolgt die Prüfung für jeden, nach dessen Strafbarkeit gefragt ist, gesondert. Ausnahmsweise kann etwas anderes gelten, wenn ersichtlich ein gemeinsames und vollkommen gleichartiges Handeln vorliegt. Auch hier ist aber wiederum getrennt zu prüfen, wenn z.B. ein bestimmter Tatbeitrag eine schwere Folge ausgelöst hat. Begonnen wird im Übrigen mit der „tatnächsten" Person, also derjenigen, deren Handlung der letztentscheidende, typischerweise auch der zeitnächste Schritt zum Deliktserfolg ist. In der Prüfungsreihenfolge stehen ferner Täter vor Teilnehmern und Tatmittler vor mittelbaren Tätern. Das folgt schon aus der (limitierten) Akzessorietät der Teilnahme/mittelbaren Täterschaft. Zielt die Fallfrage ausschließlich auf den Teilnehmer oder mittelbaren Täter, ist eine Inzidentprüfung der (unmittelbaren) Täter geboten.

32 – **„Dickschiffe voran"**: Grundsätzlich ist das schwerere Delikt vor dem leichteren zu prüfen, also beispielsweise der Raub (§ 249 StGB) vor dem Diebstahl (§ 242 StGB). Entsprechend sind jedenfalls prinzipiell auch unechte Unterlassungsdelikte vor den echten zu prüfen, das vollendete vor dem versuchten Delikt und Vorsatz- vor Fahrlässigkeitsdelikten. Allerdings gibt es zu diesem Grundsatz Ausnahmen: Zum einen gilt das für Fälle, in denen offensichtlich keine Vollendung gegeben ist oder eindeutig kein vorsätzliches Handeln vorliegt. Zum anderen und vor allem aber liegt es bei der Prüfung von Grundtatbestand und Qualifikationen im Interesse der Übersichtlichkeit und Nachvollziehbarkeit, zunächst den Tatbestand des Grunddelikts und erst im Anschluss daran die Qualifikation zu prüfen. Die Prüfung von besonders schweren Fällen mit Regelbeispielen erfolgt sogar erst nach der von Rechtswidrigkeit, Schuld und einem eventuellen Rücktritt.[14]

---

[14] S. etwa unten Rn. 88 ff.

– **Vorrang der Tatbestandsmerkmalsprüfung**: Innerhalb der Prüfung einer Norm ist es unerlässlich, vor der eigentlichen rechtlichen Subsumtion zunächst einmal die tatbestandlichen Voraussetzungen zu klären. Insbesondere sind unbestimmte Rechtsbegriffe darzulegen und die gängigen Definitionen anzubieten. Erst auf dieser Grundlage kann der gegebene Sachverhalt der ausgewählten Norm zugeordnet werden. **33**

– **Anwendungsvorrang**: Im Falle einer Normenkonkurrenz stellt sich häufig die Frage nach dem Anwendungsvorrang. Es ist also zu klären, ob eine Vorschrift eine andere verdrängt. Maßgeblich ist hierfür namentlich der methodische Grundsatz des Vorrangs der spezielleren Norm: Lex specialis derogat legi generali. Spezieller in diesem Sinne ist eine Norm, wenn sie einerseits mit der konkurrierenden Vorschrift den Anwendungsbereich teilt, andererseits aber im Vergleich zu dieser weitere Voraussetzungen enthält. Im Strafrecht ist über diese allgemeinen Grundsätze hinaus eine ausdifferenzierte Konkurrenzlehre entwickelt worden, die es i.R.d. für jeden Tatkomplex erforderlichen speziellen Konkurrenzendarstellung zu beachten gilt.[15] Ferner ist in Fällen einer sachlichen Unaufklärbarkeit an den Grundsatz in dubio pro reo (im Zweifel ist die für den Betroffenen/Angeklagten günstige Auslegung zu wählen), an die (echte) Wahlfeststellung und an die Konstellationen der Postpendenz und Präpendenz zu denken.[16] **34**

3. Die Auslegung von Normen

Auch in der Vortragssituation ist damit zu rechnen, dass die anzuwendenden Normen nicht aus sich heraus verständlich, eindeutig und zweifelsfrei sind, sondern eines interpretierenden Nachvollziehens bedürfen.[17] Um auszuschließen, dass die somit erforderliche Gesetzesauslegung subjektiv oder gar willkürlich erfolgt, sind in der Rechtsmethodik verschiedene Auslegungsmethoden entwickelt worden,[18] die bei der Fallbearbeitung zu berücksichtigen sind. **35**

Ausgangs- und wichtigster Orientierungspunkt ist dabei der Normtext; grundsätzlich bildet der Wortlaut zugleich die Grenze jeder Auslegung. Wo allerdings der Wortlaut gerade nicht weiterhilft, ist auf die Historie und Genese des Gesetzes, dessen Systematik und Teleologie abzustellen. **36**

---

[15] Dazu z.B. *Seher*, JuS 2004, 392 ff., 482 ff.; *Geppert*, Jura 2000, 598 ff., 651 ff.

[16] Dazu bspw. *Norouzi*, JuS 2008, 17 ff., 113 ff.; *Noak*, Jura 2004, 539 ff.

[17] Überspitzt, aber wohl nicht unzutreffend *Gast*, Juristische Rhetorik, Rn. 248: „Gesetzestexte sind, für sich genommen, wahrscheinlich unverstehbar."

[18] Dazu nur *Larenz/Canaris*, Methodenlehre, S. 141 ff.

In historischer Perspektive kann entsprechend eine Klärung einerseits mit Blick auf den geschichtlichen Hintergrund, andererseits auch mit Blick auf das konkrete Gesetzgebungsverfahren versucht werden. Beides dürfte indes in der Vortragssituation – also ohne die Möglichkeit der Zuhilfenahme entsprechender Dokumentationen – kaum möglich sein.[19]

37 Das bedeutet eine Konzentration auf die Gesetzessystematik und den Gesetzeszweck. Die systematische Auslegung verlangt insoweit einen vergleichenden Überblick: Die konkret auslegungsbedürftige Norm ist in den Kontext des jeweiligen Normenkomplexes zu stellen. Geboten ist damit im Wesentlichen eine überblickshafte Lektüre der benachbarten Normen; deren Zusammenspiel wirft oftmals ein erhellendes Licht auf das allein anhand einer einzigen Norm nicht zu lösende konkrete Auslegungsproblem. Von besonderer Bedeutung ist schließlich auch die Frage nach dem Sinn und Zweck des Gesetzes. Dieser kann zwar in der Vortragssituation seinerseits nur anhand des Gesetzeswortlauts und der Gesetzessystematik (bzw. auch der Gesetzgebungsgeschichte) erkannt werden. Soweit es aber gelingt, ihn insoweit zu erkennen, kann mit Hilfe der teleologischen Auslegung häufig eine Entscheidung in strittigen Fragen herbeigeführt werden, weil eine Auslegungsalternative ersichtlich dem Gesetzeszweck besser dient.

V. Typische juristische Argumentationsmuster

38 Neben dem Aufbau ist für die Bewertung insbesondere die argumentative Auseinandersetzung mit den durch die in Rede stehende Sachverhaltskonstellation aufgeworfenen rechtlichen Streitfragen der Beteiligten entscheidend. Jede Aufgabenstellung enthält eine Anzahl von Problemen, mit denen der Ersteller das Wissen, vor allem aber die Argumentationsfähigkeit der Kandidaten prüfen will.[20]

Ziel der Argumentation ist es, etwas zuvor Fragliches fraglos zu stellen, also Unsicherheit in Sicherheit umzuwandeln. Im konkreten juristischen Argumentationsprozess geht es regelhaft darum, die sich aus der notwendigen Mehrdeutigkeit normativer Aussagen ergebenden

---

[19] Deshalb erübrigen sich hier auch Ausführungen zur Unterscheidung von subjektiver und objektiver Auslegungsmethode. Dazu *Larenz/Canaris*, Methodenlehre, S. 137 ff.

[20] S. etwa das Merkblatt zum mündlichen Teil der Pflichtfachprüfung des Landesjustizprüfungsamtes Niedersachsen (in der Vorauflage, S. 136 ff., abgedruckt): „Dem Prüfling steht ein weiter Bearbeitungsspielraum zu. Bei einer kontrovers behandelten rechtlichen Problematik soll der Prüfling nach einer argumentativen Auseinandersetzung zu einem sinnvollen Ergebnis gelangen, wobei auf eine methodisch reflektierte Begründung Wert zu legen ist.“

Varianten zu einer Seite hin aufzulösen. Als Mittel dazu dienen Argumente, deren Eigenart sehr verschieden sein kann („stark" oder „schwach"; „abstrakt" oder „konkret"; „sachbezogen" oder „formal"; „deskriptiv" oder „normativ" usf.), die sich aber jedenfalls hinsichtlich einiger typischerweise im juristischen Kontext verwendeter Formen systematisieren lassen:[21]

- **Gleichheitsschluss** (argumentum e simile): Wenn ein vergleichbar gelagerter Fall bereits entschieden ist oder die spezifische Unsicherheit aus einem anderen Grunde nicht aufweist – bspw. im Normtext klarer formuliert ist – spricht viel dafür, auch im Ergebnis einen Gleichlauf anzunehmen, weil anderenfalls ein Widerspruch in die Rechtsordnung hineingetragen würde. Im Strafrecht setzt dem jedoch das Analogieverbot (s. Art. 103 Abs. 2 GG, § 1 StGB) enge Grenzen.[22] **39**
- **Umkehrschluss** (argumentum e contrario): Auf der anderen Seite kann aber auch gerade die Tatsache, dass ein Unterschied bspw. in der Normformulierung vorliegt, als Indiz für eine Ungleichbehandlung angesehen werden. Ansatzpunkt der Argumentation ist dann nicht die Ähnlichkeit, sondern die Differenz; Ziel ist nicht der Gleichlauf, sondern die unterschiedliche Behandlung.
- **Erst-Recht-Schluss** (argumentum a fortiori): Erst-Recht-Schlüsse sind gleichermaßen als solche nicht auf ein bestimmtes Ergebnis fixiert. Sie stellen gewissermaßen eine Spezialform des Vergleichsschlusses dar. Aus der anders gearteten Regelung wird hier der Schluss gezogen, wenn es schon dort so sei, müsse dasselbe Ergebnis erst recht in dem in Frage stehenden Fall erreicht werden. Auch hier ist aber stets die Möglichkeit mitzubedenken, dass die Ungleichbehandlung gewollt ist, also kein Erst-Recht-, sondern ein Umkehrschluss in Betracht kommt.

VI. Insbesondere: Meinungsstreitigkeiten

Es ist natürlich außerordentlich zu begrüßen, wenn die Kandidaten zu einer bestimmten juristischen Fragestellung (beispielsweise der Abgrenzung von Raub und räuberischer Erpressung[23]) verschiedene **40**

---

[21] Ausführlich zum Argumentationsvorgang *Gast*, Juristische Rhetorik, Rn. 255 ff.; *Haft*, Juristische Rhetorik, S. 93 ff.

[22] S. z.B. *BVerfG* NJW 1995, 2776 f.; dazu *Küper*, JuS 1996, 783 ff.; s.a. *Scheffler*, Jura 1996, 505 ff. Zugunsten des Täters ist eine Analogie aber auch im Strafrecht zulässig, s. *Lackner/Kühl*, StGB, § 1 Rn. 5 m.w.N.

[23] Dazu unten Rn. 125 ff.

vertretene Auffassungen kennen. Gleichwohl erscheint es insbesondere in der Situation des mündlichen Vortrags unglücklich, diese im Sinne eines klassischen „Meinungsstreits" zu präsentieren. Eine Darstellung in der Reihenfolge „eine Ansicht – andere Ansicht – Streitentscheid" führt nicht schon im Schriftlichen häufig zu einer weitgehend verfehlten Personalisierung unter Vernachlässigung der Sachargumente. Sie ist namentlich in einem mündlichen Vortrag ungünstig. Stattdessen ist es erforderlich, den Streitstand in die sachliche Prüfung zu integrieren.

Zunächst sollte daher abstrakt das Problem aufgeworfen und erklärt werden, warum sich eine einfache Lösung verbietet.

> ***Beispiel:***[24] *„Es bestehen jedoch Zweifel, ob in der erzwungenen Duldung der Wegnahme eine für den Tatbestand der räuberischen Erpressung ausreichende Opferreaktion liegt."*

Hieran anknüpfend sind die Argumente darzustellen, die für oder gegen eine bestimmte Lösungsvariante sprechen, und erst auf dieser Basis können die einzelnen Überlegungen einander gegenübergestellt und gewichtet werden.

> ***Beispiel:*** *„Zu diesem Problem werden verschiedene Auffassungen vertreten: Eine Ansicht lässt es genügen, wenn ... Für diesen Ansatz lässt sich anführen, dass ... Demgegenüber ist aber ebenfalls zu beachten ... Entsprechend fordert eine andere Ansicht als zusätzliches Kriterium ..."*

Regelmäßig lassen sich dabei dem Sachverhalt verwendbare Informationen entnehmen, mit deren Hilfe man zu einem nachvollziehbar begründeten und damit in der Sache nicht angreifbaren Schluss gelangen kann.

41 Gerade in strittigen Fragen ist für die Bewertung nicht so sehr das Ergebnis als die diesem zugrunde liegende Argumentation entscheidend. Natürlich sollen Sie zu einer vertretbaren (also nicht völlig abwegigen) Lösung kommen. Zentrale Bewertungsgrundlage Ihres Vortrags ist jedoch (fast ausschließlich) der dazu beschrittene Weg. Erwartet und bewertet werden ein stringenter Aufbau und eine argumentative Auseinandersetzung mit den wesentlichen Problemen des Falls (und auch nur diesen!) anhand des Gesetzes an der systematisch richtigen Stelle. Das gilt auch für sog. Meinungsstreitigkeiten: Es interessiert nicht die Meinung als solche, sondern die

[24] S.u. Rn. 125.

sie begründenden Argumente und deren Verhältnisse zu den Argumenten der Gegenansicht.

B. Besonderheiten bei (rein) thematischen Aufgabenstellungen

Während den Examensklausuren fast ausschließlich Fallkonstellationen zugrunde liegen, kann es dem Prüfer in der Situation des mündlichen Vortrags attraktiv erscheinen, nicht (nur) einen Fall lösen zu lassen, sondern (zusätzlich) eine thematische Aufgabenstellung zu verwenden. In Sachsen-Anhalt ist sogar stets eine solche „offene" Aufgabenstellung vorgesehen; im Übrigen ist sie jedenfalls nicht ausgeschlossen.[25] **42**

Im Grundsatz gilt dazu das oben allgemein zum mündlichen Vortrag Gesagte entsprechend: Die Kandidaten sollten die Themenstellung als Chance begreifen, sich ohne die Zwänge eines durch bekannte dogmatische Prüfschemata vorgegebenen Lösungsweges durch die Wahl einer eigenen stringenten Darstellungsform profilieren zu können. Auch insoweit sind allerdings einige generelle Punkte beachtenswert.

I. Besonderheiten des Aufbaus

Bei thematischen Aufgabenstellungen sind die Kandidaten grundsätzlich nicht in das enge „Korsett" der herkömmlichen Dogmatik eingebunden. Es steht ihnen grundsätzlich frei, welchen Aufbau sie ihrem Vortrag zugrunde legen. Die eine richtige Aufbauvariante gibt es hier nicht; stattdessen ist nicht nur eine starke Abhängigkeit von der konkreten Themenstellung gegeben, sondern auch innerhalb ein und derselben Aufgabenstellung können durchaus unterschiedliche Herangehensweisen jeweils zielführend und damit „richtig" sein. **43**

Das bedeutet allerdings nicht, dass es keinerlei zu beachtende Aufbauregeln gibt. Zunächst ist gerade hier bereits in formaler Hinsicht eine strikte Orientierung an der Aufgabenstellung erforderlich. So ist es von essentieller Bedeutung, die aufgeworfenen Fragen auch tatsächlich zu beantworten. Ebenso sollte im Grundsatz die vorgegebene Reihenfolge eingehalten werden.

Jenseits dessen stellen offene Themenstellungen in inhaltlicher Hinsicht besondere Anforderungen an die Kandidaten insoweit, als es nunmehr diesen obliegt, sich vorab darüber klar zu werden, welche **44**

[25] S. die im Anhang abgedruckten Hinweise der jeweiligen Landesjustizprüfungsämter.

Fragestellungen und Themenkomplexe von der Aufgabenstellung umfasst werden.

Erste und wichtigste Aufgabe ist es daher, diese genau zu analysieren und eine Entscheidung darüber zu treffen, welche Punkte in der zur Verfügung stehenden Zeit angesprochen werden können (und müssen). Auf Basis dieser notwendigen ersten Auswahl kann sodann der eigentliche Aufbau des Vortrags in Angriff genommen werden.

Typischerweise wird dabei der Vortrag mit einer Skizzierung des Problems einzuleiten sein. Sinnvoll erscheint es des Weiteren, im Anschluss hieran das eigene Vorgehen kurz zu erläutern, ohne damit aber die eigentlichen Erörterungen vorwegzunehmen. Zumindest sollten an dieser Stelle nicht nur das angestrebte Erkenntnisziel des Vortrages, sondern auch – in groben Umrissen – die dorthin führenden Schritte deutlich werden.

Beispiel: *„In meinem Vortrag werde ich mich mit der Frage auseinandersetzen, ob ... Hierzu werde ich zunächst ... "*

Diese gilt es sodann im Einzelnen mit Leben zu füllen. Am Schluss steht – anders als bei einer Fallbearbeitung – nicht unbedingt ein klares Ergebnis. Soweit dies möglich ist, sollte aber das Gesagte abschließend noch einmal zusammengefasst werden.[26]

II. Eigenarten der Argumentation

45 Im Wesentlichen lassen sich die oben genannten juristischen Argumentationsformen auch bei rein themenbezogenen Aufgabenstellungen verwenden. Unterschiede ergeben sich indes aus der fehlenden Fallbezogenheit. Während dort stets mit Blick auf den konkreten Sachverhalt argumentiert werden sollte, ist hier eine abstrakte Erörterung geboten. Das bietet Chancen, birgt aber auch Risiken: Gerade in der abstrakten Erörterung muss der Kandidat deutlich machen, dass ihm die Konsequenzen der einen oder anderen Vorgehensweise durchaus bewusst sind. Die grundsätzliche Anwendungsorientiertheit der Rechtswissenschaft bedeutet insoweit zwar keineswegs, dass eine Entscheidung erst gefunden („hergestellt“) und dann begründet („dargestellt“) wird.

Die argumentative Auseinandersetzung darf aber gleichwohl nicht unter völliger Lösung von der Realität betrieben werden, sondern muss die potenziellen Folgen transparent halten. Um einerseits die Anschaulichkeit des Gesagten zu gewährleisten, andererseits aber die Praxisbezogenheit aufzuzeigen, kann es sich als außerordentlich hilfreich er-

---

[26] Dazu noch unten Rn. 78.

weisen, die eigene Vorgehensweise an Beispielsfällen zu erläutern.[27] Dies sollte auch dort in Betracht gezogen werden, wo es die Aufgabenstellung selbst nicht ausdrücklich verlangt.

C. Formale Vorgaben und Hilfestellungen zur richtigen Präsentation

I. Die Bedeutung des Vortragsstils

Hilfreiche, auch für die anderen Bundesländer durchaus übertragbare Hinweise bezüglich der Bedeutung des Vortragsstils finden sich in den nordrhein-westfälischen „Weisungen für den Vortrag in der staatlichen Pflichtfachprüfung“:[28] **46**

> „I. Zielsetzung/Allgemeines
>
> Durch den Vortrag sollen die Prüflinge zeigen, dass sie befähigt sind, nach kurzer Vorbereitung in freier Rede eine juristische Problemstellung zu präsentieren sowie hierzu Position zu beziehen und diese unter richtiger Schwerpunktsetzung argumentativ zu begründen. Die Aufgabenstellung für den Vortrag wird dem Bürgerlichen Recht, dem Strafrecht oder dem Öffentlichen Recht, jeweils unter Einschluss der dazugehörenden Verfahrensrechte, entnommen. Es gibt Fallvorträge und Themenvorträge. Die Aufgabenstellung wird den Prüflingen am Prüfungstag übergeben. Die Vorbereitungszeit beträgt eine Stunde.
>
> Der Vortrag soll bei einem Fallvortrag aus einer rechtlichen Würdigung in freier Rede bestehen. Bei einem Themenvortrag soll die Problemstellung strukturiert aufgearbeitet werden. Den Prüflingen bleibt es freigestellt, ob und ggf. in welchem Umfang sie dem Vortrag eine Wiedergabe des Sachverhalts bzw. der Themenstellung voranstellen. Die Einzelheiten für die Bearbeitung ergeben sich aus dem Aufgabentext, insbesondere aus einem möglichen Bearbeitervermerk. Sowohl Vortragsform als auch Vortragsinhalt fließen in die Beurteilung ein.
>
> II. Gesetzestexte
>
> Zur Vorbereitung des Vortrags dürfen nur die zur Verfügung gestellten Gesetzessammlungen als Hilfsmittel benutzt werden. Zugelassene Hilfsmittel sind: Schönfelder nebst Ergänzungsband, Sartorius I, v. Hippel/Rehborn. Ohne Rücksicht auf den Zeitpunkt des im Fall erfassten Geschehens sind die gesetzlichen Vorschriften in der Fassung anzuwenden, die in den jeweils zur

[27] S. etwa unten Rn. 176, 199, 233 ff.

[28] http://www.olg-duesseldorf.nrw.de/aufgaben/pruefungsamt/06jpa-a-z/06muendliche_pruefung/06weisungen_vortrag/index.php.

Verfügung gestellten Gesetzessammlungen abgedruckt ist, soweit sich nicht aus dem Bearbeitervermerk etwas anderes ergibt.

III. Vortrag

Beim Vortrag können die Prüflinge Stichwortzettel benutzen. Das Ablesen einer schriftlichen Ausarbeitung entspricht nicht den Anforderungen an einen freien Vortrag (siehe Ziff. I). Der Vortrag darf die Dauer von 12 Minuten nicht überschreiten; er wird nach Ablauf dieser Zeit abgebrochen. Den Prüflingen werden während und nach dem Vortrag keine Fragen zur Ergänzung oder Klarstellung ihrer Ausführungen gestellt. Der Sachverhalt ist dem/der Vorsitzenden des Prüfungsausschusses im Anschluss an den Vortrag auszuhändigen."

47 Die hier sogar an erster Stelle genannte „Vortragsform" ist also keineswegs ein hinter den „Vortragsinhalt" zurücktretendes Beurteilungskriterium, sondern die gelungene Präsentation stellt ein erhebliches, beurteilungs- und damit benotungsrelevantes Qualitätsmerkmal dar.[29]

Und dies zu Recht, besteht doch die besondere Problematik eines Vortrags gerade darin, in der vorgegebenen knappen Zeit eine vergleichsweise komplexe Materie ohne unzulässige Simplifizierungen, aber dennoch verständlich und anschaulich darzulegen. Das setzt neben der inhaltlichen Auseinandersetzung auch eine gewisse Erfahrung mit der formalen Präsentationstechnik voraus. Der Vortragende spricht weder mit noch vor, sondern zu den Prüfern. Seine Aufgabe ist daher keine bloße Selbstdarstellung, sondern es gilt das in der Aufgabenstellung enthaltene Sachproblem so zu entfalten, dass die Aufmerksamkeit der Adressaten, also der Prüfer, sichergestellt ist. Hilfreich kann es insoweit sein, sich in deren Position zu versetzen.

48 Das bedeutet im Wesentlichen zweierlei: Erstens handelt es sich zwar naturgemäß um einen juristisch vorgebildeten Zuhörerkreis. Gleichwohl verlangt es die spezifische Prüfungssituation, prinzipiell alle aufgeworfenen Rechtsfragen umfassend zu beantworten, ohne scheinbar „einfache" Punkte auszulassen. Die aus Gründen der Zeitknappheit gebotene Reduktion des Stoffes darf daher nicht damit begründet werden, keine Eulen nach Athen tragen zu wollen. Den Prüfern muss stattdessen klar werden, dass der Prüfling nur das auslässt, was ersichtlich unproblematisch ist. Zweitens hören die Prüfer eine Reihe von Vorträgen hintereinander. Sie werden daher außerordentlich dankbar sein, wenn Vorträge nicht pauschal nach „Schema F"

[29] S. a. die Hinweise zum Aktenvortrag des Gemeinsamen Juristischen Prüfungsamts der Länder Berlin und Brandenburg (im Anhang abgedruckt): „Mit dem Vortrag soll dem Prüfling die Möglichkeit gegeben werden, auch seine rhetorischen Fähigkeiten unter Beweis zustellen."

ablaufen, sondern individuell auf die Aufgabenstellung bezogen, in der Sache konzentriert und in der Darstellung ebenso konzis wie in der Vortragsgestaltung lebhaft sind.

Das alles ist wiederum weitgehend Übungssache. Die folgenden Hinweise dienen daher zum einen der Selbstkontrolle. Sie sind aber im Sinne der intendierten gruppendynamischen Lernstrukturen insbesondere auch geeignet, der Fremdkontrolle durch die zuhörenden Kommilitonen ein Gerüst zu geben bzw. deren Aufmerksamkeit auch auf scheinbar „unjuristische" Details zu lenken.

Verschwenden Sie nicht Ihre knappe Übungszeit durch unkritische Kommentare, sondern weisen Sie sich gegenseitig auf noch bestehende Fehler hin. Nur so können Sie diese erkennen und an ihnen arbeiten! Ehrlichkeit und (weitgehende) Schonungslosigkeit sollten die Maximen wechselseitiger Überprüfung sein. **49**

II. Allgemeines zur Präsentationstechnik

Der Vortrag bedeutet insoweit eine erhebliche Erweiterung im Vergleich zur Klausur, als der Prüfling dem Prüfer nicht nur in Gestalt einer – mehr oder weniger ordentlichen, mal eher schlecht, mal eher gut lesbaren – Ansammlung von Seiten bzw. als anonyme Prüfungsnummer, sondern als Person gegenübersteht. Da der Vortrag gerade auch darauf abzielt, die Fähigkeiten der angehenden Juristen zur eigenständigen Präsentation zu überprüfen, stellt es insoweit auch keineswegs eine Fehleinschätzung dar, wenn die Bewertung auch auf nicht unmittelbar inhaltsbezogene Kriterien gestützt wird. Im Übrigen ist aber ein in sich stimmiger und gelungener Vortrag auch der beste Garant dafür, dass die inhaltliche Botschaft beim Zuhörer ankommt. Dementsprechend ist der Gesamteindruck von besonderer Bedeutung. **50**

Insoweit lassen sich durchaus Kriterien ausmachen, anhand derer in formaler Hinsicht – also ohne Bezug auf den Inhalt des Gesagten – das Gelingen des Vortrags beurteilt werden kann. Diese lassen sich grob in zwei Kategorien unterteilen: in nonverbale Kriterien und verbale Kriterien.[30] Während letztere später ausführlicher behandelt werden sollen, können erstere bereits an dieser Stelle vorgestellt werden.

[30] S. zum folgenden etwa *Wagner*, Grundlagen der mündlichen Kommunikation, 1999, S. 33 ff.

1. Nonverbale Kriterien

a) Hörbare Kriterien („Auditiver Eindruck")

51 Zu den hörbaren Kriterien zählen insbesondere der Stimmklang und die Stimmlage, die Aussprache sowie die Betonung. Das betrifft dann etwa die Phonation, also die Problematik, ob die Stimme z.B. heiser, unterspannt, überhöht o.ä. klingt. Weiterhin gehört hierher auch die Beachtung der Artikulation. Diese kann z.B. undeutlich sein, übertrieben exakt, aber auch zu stark dialektal erscheinen. Hinsichtlich der Intonation ist etwa darauf zu achten, ob sie monoton, gekünstelt oder überbetont wirkt; darüber hinaus ist auf die Lautstärke und Lautstärkevariationen (zu leise, zu laut, zu gleich bleibend) zu achten. Sprechgeschwindigkeit und Pausensetzung (zu langsam, zu schnell, zu seltene, zu häufige Pausen, zu lange bzw. zu kurze Pausen) sollten an dieser Stelle ebenso Beachtung finden wie Sprechmelodie und Stimmsenkungen (bspw. zu gleichförmig, keine/zu seltene Stimmsenkungen).

52 Allgemein gilt in allen Fällen: Das Bemühen um eine korrekte Vortragsweise darf nicht zu einer verkrampften Überinterpretation führen. Ein gelungener Vortrag erscheint auch sprachlich leicht, der Eindruck des Verspannten, Erzwungenen droht anderenfalls sich auf die Zuhörer zu übertragen. Letztlich kommt es daher vor allem darauf an, einen unangestrengten, aber auch nicht allzu lockeren Vortragsstil zu finden, der insbesondere auch den eigenen Sprachgewohnheiten entgegenkommt. Es bringt wenig, sich vollkommen umstellen zu wollen. Auf der anderen Seite bedeutet das indes nicht, dass nicht gegen bestimmte, störende Auffälligkeiten wie beispielsweise Verlegenheitslaute („äh", „hm"), hörbare Atmung, Lippengeräusche („Schmatzen") u.ä. vorgegangen werden sollte.[31]

53 Ein spezielles Problem stellt in diesem Zusammenhang die dialektale Sprache dar. Es mag einem ungerecht erscheinen, ist aber wohl unbestreitbar: Wer einen sehr starken Dialekt spricht, wird es in einer mündlichen Prüfungssituation deutlich schwerer haben. Das hängt vermutlich damit zusammen, dass Dialekt mit Provinz assoziiert wird und zudem in einer stark auf die Hochsprache rekurrierenden Disziplin als außenstehend empfunden wird.[32] Es kann aber auch ganz simpel deshalb problematisch sein, weil der Dialekt unter Umständen dem Zuhörer das Verständnis erschwert. Man sollte sich deshalb jedenfalls um eine Annäherung an das Hochdeutsche bemühen.

---

[31] Dazu noch unten Rn. 56.

[32] Ähnliches kann in anderen Lebenssituationen natürlich für den gelten, der in einer – in den Augen seiner Mitmenschen: – unangebrachten Situation Hochdeutsch spricht.

b) Sichtbare Kriterien („Visueller Eindruck")

Der Prüfer nimmt den gesamten Menschen wahr. Es ginge deshalb fehl, anzunehmen, dass es nur auf die auditiven Eindrücke ankäme. Der Vortrag ist keine Tonbandaufnahme, sondern besitzt auch eine starke visuelle Komponente. Von Bedeutung sind insoweit insbesondere Körperhaltung und Blickrichtung des Prüflings. Je nach Prüfungsamt beziehungsweise Prüfer wird der Vortrag im Sitzen oder im Stehen gehalten werden. Es bietet sich an, sich hierüber nach Möglichkeit zu informieren, um dies bei der eigenen Vorbereitung berücksichtigen zu können. Unabhängig davon sollte in der wechselseitigen Kontrolle darauf geachtet werden, ob das jeweilige Auftreten eher angestrengt bzw. überspannt, (übertrieben) lässig oder unruhig wirkt. **54**

Von besonderer Bedeutung ist darüber hinaus der Augenkontakt mit dem Prüfungsgremium. Jeder Prüfling sollte sich darum bemühen, nicht nur einen, sondern alle Prüfer während des Vortrags anzuschauen. Für die Übungsphase bedeutet das, sich zu vergewissern, ob überhaupt ein Blickkontakt vorhanden ist, ob er ausweichend, zu kurz, fixierend o.ä. ist. Beachtenswert ist zudem die individuelle Gestik und Mimik. Da hier die Gefahr besteht, allzu exaltiert zu erscheinen, sollte prinzipiell Zurückhaltung geübt werden,[33] was aber nicht bedeutet, dass etwa bei der Begrüßung nicht gelächelt werden darf.

Interesse verdient daneben auch die sog. Proxemik, d.h. das Verhalten im Raum und die gewahrte Distanz zu anderen. Hier wird zwar typischerweise ein Tisch einen gewissen Mindestabstand sicherstellen, dennoch empfiehlt sich weder ein diesen Abstand einengendes Vorlehnen noch ein gleichsam fliehendes extremes Zurücklehnen im Stuhl. **55**

Zu den sonstigen visuellen Auffälligkeiten zählen z.B. eine deutlich erkennbare Hochatmung bzw. Mundeinatmung, aber auch ganz allgemein das Aussehen, insbesondere die Kleidung und die Frisur. Insoweit erscheint es beinahe zu selbstverständlich, um es zu erwähnen, dass ein prüfungsadäquates Erscheinungsbild gepflegt werden sollte. Auch wenn an sich nichts gegen sie einzuwenden sein mag, können das knallrote Kostüm oder die schreiend bunte Krawatte doch geeignet sein, jedenfalls ein wenig eigentlich für den Vortrag vorgesehene Aufmerksamkeit des Prüfers zu absorbieren. Das allein disqualifiziert sie für den Einsatz in der mündlichen Prüfung. Es gibt bessere Gelegenheiten, den individuellen Modevorlieben zu frönen als ausgerechnet diese Prüfungssituation.

---

[33] Umgekehrt sollte auch nicht krampfhaft versucht werden, aus der Mimik/Gestik der Prüfer Rückschlüsse auf deren Wohlwollen zu ziehen.

2. Abgewöhnen störender Angewohnheiten

56 Bisweilen schleichen sich in die Alltagssprache Geräusche oder auch Floskeln ein, die im persönlichen Gespräch nicht weiter stören mögen, deren übermäßiger Gebrauch in einem Vortrag aber überaus ablenkend wirken kann. Das betrifft neben dem geradezu klassischen „Ähm" beispielsweise sonstige hörbare Auffälligkeiten (wie Schmatzgeräusche o.ä.), aber auch bestimmte wiederkehrende Sprachmuster oder störende Gesten, z.B. Lippenbeißen oder -lecken oder auch nur ein kontinuierliches Zurechtrücken der Krawatte.

Insoweit ist es zunächst erforderlich, sich dem Vorhandensein dieser unbewussten Handlungen zu stellen. Da allein diese Kenntnis indes typischerweise nicht zum Abstellen der Gewohnheit führt, empfiehlt es sich, gegebenenfalls bewusst gegenzusteuern. Dies geschieht im Wege der sog. Aversionsmethode, indem die zuvor unbewussten Vorgänge bewusst und bewusst häufig zum Einsatz gebracht werden. Regelmäßig hat das eine gewisse Selbstpathologisierung, dann aber auch Selbstimmunisierung zur Folge, weil über die bewusste Handlung die Aversion geweckt wird, die dann auch der unbewussten Handlung entgegensteht.

3. Freies Reden und Hilfsmittel, insbesondere zum Nutzen von Karteikarten

57 Die oben abgedruckten Hinweise des nordrhein-westfälischen Prüfungsamtes heben gleich mehrfach auf den „in freier Rede" gehaltenen Vortrag ab; auch andernorts wird von den Prüfungsämtern ausdrücklich auf die Bedeutung der freien Rede hingewiesen. Tatsächlich dürfte es angesichts der Funktion des Vortrags, die Überprüfung der Schlüsselqualifikationen sicherzustellen, nicht fehlgehen, eine entsprechende Gewichtung als länderübergreifendes Kennzeichen des mündlichen Vortrags anzusehen.

Gerade der freie, also nicht abgelesene Vortrag sollte daher auch im Zentrum der Übungssituation stehen. Hierzu muss der eigene Gedankengang vorab so verinnerlicht werden, dass der Vortrag selbst letztlich nur noch dem bereits gespurten Pfad zu folgen hat. Freie Rede bedeutet insoweit zwar keinesfalls ein Auswendiglernen auch noch der kleinsten Formulierung, sondern setzt auf die Fähigkeit zur spontanen Artikulation. Das betrifft indes nur die rein sprachliche Ebene; inhaltlich sollte der Vortrag bis in die Details soweit erarbeitet sein, dass „unterwegs" keine Überraschungen mehr drohen. Man könnte dies auf die knappe Formel reduzieren, nur die Rede sei frei, der Gedanke dagegen gebunden.

Die idealtypische Ausrichtung an der freien Rede bedeutet jedoch – auch das zeigen die oben wiedergegebenen Ausführungen – keineswegs das Verbot jeglicher Hilfsmittel: „Beim Vortrag können die Prüflinge Stichwortzettel benutzen"; einzig das bloße „Ablesen einer schriftlichen Ausarbeitung" wird als nicht anforderungsadäquat erkannt. Die Kandidaten sind demnach zwar nicht gehalten, aber auch nicht prinzipiell daran gehindert, sich gedankenleitende und -stützende Überlegungen zu notieren und in der Vortragssituation zu verwenden. **58**

Allerdings ist Vorsicht angebracht: Es bleibt bei der Betonung der freien Rede; zu ausführliche Stichworte erhöhen aber das Risiko des Ablesens und sollten daher ebenso vermieden werden wie eine – schon zeitlich kaum machbare – ausgearbeitete schriftliche Fassung. Beides verhindert den gebotenen souveränen Umgang mit dem eigenen Konzept. Es kann den Prüfer durchaus überzeugen, wenn das mitgebrachte Konzeptpapier nur selten oder überhaupt nicht zur Anwendung gebracht wird. Dass es aber überhaupt da ist, kann auf der anderen Seite ein Gefühl der Sicherheit vermitteln, weil nicht „ohne Netz und doppelten Boden" agiert wird, sondern im Falle eines Steckenbleibens mit einem kurzen Blick auf die notierten Stichworte der Weg zurück in die Prüfung/Darstellung gefunden werden kann.

Welche Hilfsmittel im Einzelnen benutzt werden, dürfte – sofern vom jeweiligen Prüfungsamt zugelassen – der persönlichen Präferenz anheim zu stellen sein. Karteikarten haben insoweit gegenüber normalen Blättern den Vorteil der geringeren Größe (was der Versuchung entgegenwirkt, besonders viel Text aufzuschreiben, und gegebenenfalls in der Hand weniger auffällt) und sind aufgrund ihres Materials leichter zu (ver-)wenden. Sie dürfen aber umgekehrt nicht zu klein sein, weil bei einem ca. zehnminütigen Vortrag nicht ein Dutzend kleiner Karten zum Einsatz kommen sollte, deren ständiger Wechsel voraussichtlich sowohl den Prüfling als auch die Prüfer nervös zu machen geeignet ist. **59**

> Finden Sie Ihren eigenen Stil, was den Einsatz von Hilfsmitteln angeht, versuchen Sie aber immer wieder auch einmal, einen Vortrag völlig ohne schriftliche Notizen zu halten. Im Ernstfall sollen Sie schließlich auch die Prüfer ansehen, nicht starr auf den Zettel vor Ihnen blicken. **60**

III. Sprachliche Gestaltung

Bekanntlich ist die Sprache das wichtigste Werkzeug des Juristen. **61**
Mehr noch als in der Klausur kommt es beim Vortrag darauf an, die

gefundene Lösung in sprachlich angemessener Weise zu präsentieren. Das bedeutet vor allem, stets auf die Nachvollziehbarkeit der eigenen Vorgehensweise zu achten und sich insbesondere um die Verständlichkeit des eigenen Vortrags zu bemühen. Als Faustformel kann dabei dienen: Kurze Sätze erhöhen die Verständlichkeit. Lange Sätze, die mit einer Vielzahl – unter Umständen ineinander verschlungenen – Nebensätzen unterbrochen werden und damit mehrere Informationsinhalte auf mehreren Schichten zu transportieren geeignet sind, verlangen demgegenüber ein erhöhtes Maß an Aufmerksamkeit.

Für den Zuhörer bedeutet das die Gefahr, nur einen Teil der Information aufzunehmen oder gar völlig den Faden zu verlieren. Noch stärker gilt letzteres aber für den Vortragenden. Die deutsche Sprache mit der Grundregel des erst am Satzende stehenden Verbs ist dabei wenig hilfreich, wenn es darum geht, Ungenauigkeiten zu vertuschen oder misslungene Anfänge noch aufzufangen. Wer sich daher nicht absolut sicher ist, auch am Ende eines Bandwurmsatzes noch das rettende, sinnstiftende Verb zu finden, sollte sich lieber von vornherein auf etwas kürzere Sätze beschränken. Das gilt auch und gerade für diejenigen, die in der Schriftsprache komplizierteren Satzstrukturen etwas abgewinnen können, denn nur sie sind potentiell gefährdet.

62 Im Übrigen hat Verständlichkeit viel mit der Sprechgeschwindigkeit zu tun. Vortragen heißt deshalb auch, das eigene Sprechtempo stets zu kontrollieren. Schon bei der Erstellung der Lösungsskizze ist deshalb darauf zu achten, wie viel Zeit die einzelnen Punkte voraussichtlich in Anspruch nehmen werden. Es ist im Regelfall sinnvoller, einige wesentliche Kernaussagen langsam und verständlich zu präsentieren als sich oberflächlich und kaum nachvollziehbar durch alle denkbaren Problemfelder hindurch zu hetzen. Auch aus sprachlicher Sicht ist deshalb eine Schwerpunktsetzung unbedingt erforderlich.

1. Einsatz von Pausen und rhetorischen Stilfiguren

63 Reden ist Schweigen.

Was der Absatz im schriftlichen Text, ist die Pause im mündlichen Vortrag: Betonung des Vorgesagten, Abgrenzung zum Nachfolgenden. Gerade bei wichtigen Punkten, auf die es im weiteren Verlauf des Vortrags ankommt oder die gerade nicht selbstverständlich erscheinen, kann es deshalb angebracht sein, bewusst einen Moment lang zu schweigen. Da das menschliche Gehirn angeblich bis zu zwei Sekunden braucht, bevor eine aufgenommene Information auch wirklich verarbeitet und verstanden wurde, kann eine solche vorübergehende Unterbrechung des Informationsflusses als überaus angenehm empfunden werden.

Deshalb sollte man sich nicht scheuen, jedenfalls zu Übungszwecken auch einmal längere Pausen in den Vortrag einzubauen. Häufig wird die Reaktion der Zuhörer zunächst in einem Nicken bestehen, das als Ausdruck der Zustimmung, v.a. aber auch des eigenen Verstehens gedeutet werden kann. Erst zu einem relativ späten Zeitpunkt wird dieser dem Gesagten nachfolgende Informationsverarbeitungsprozess beendet, und selbst dann kann durch die weitere Verlängerung der Pause noch einmal die Spannung auf das Kommende erhöht werden.

Vorträge, die sich in einer bloßen Aufzählung von Fakten oder Ar- **64**
gumenten erschöpfen, sind häufig leblos und für den Zuhörer ermüdend. Aufgabe des Vortragenden ist es daher, nicht nur bei der Konzipierung auf einen das Ganze tragenden Spannungsbogen zu achten, sondern auch während des Vortrags selbst Reize zu setzen. Als ein überaus taugliches Mittel hat sich insoweit namentlich der Einsatz rhetorischer Fragen erwiesen. Selbstredend können in der Situation einer mündlichen Prüfung den Prüfern keine echten Fragen gestellt werden. Zulässig ist es hingegen, die Aufmerksamkeit der Prüfer durch „unechte", eben rhetorische, Fragen zu gewinnen, deren Beantwortung durch den Vortragenden selbst erfolgt.

> ***Beispiel:***[34] *„Wie wirkt sich nun ein solcher ETBI auf die Strafbarkeit der S aus?"*

Allerdings sollte hiervon nur behutsam, also an wenigen prägnanten Stellen des Vortrags, Gebrauch gemacht werden.

Unbedingt zu vermeiden sind sprachliche Einförmigkeiten, die un- **65**
abhängig vom Inhalt den vordergründigen Eindruck einer fehlenden Differenzierungsfähigkeit erwecken. Ein allzu gleichförmiger, sich stets wiederholender Satzbau wirkt schnell langweilig und ermüdend. Interessant hingegen sind Stilmischungen, die mitunter vielleicht überraschende stilistische Einsprengsel (bspw. einen geschickt gesetzten Chiasmus[35]) aufweisen.

> ***Beispiel:*** *„Die Argumentation des BGH ist daher wenig überzeugend. Nachvollziehbar ist demgegenüber die Begründung derjenigen Stimmen in der Literatur, die ..."*

---

[34] S.u. Rn. 162.

[35] Überkreuzstellung, etwa: „Ach Gott! Die Kunst ist lang,/Und kurz ist unser Leben." (*Goethe*, Faust I, in: *ders.*, Werke [Hamburger Ausgabe], Band 3, 16. Aufl. 1986, S. 25 (Zeile 558 f.)).

Insgesamt ist auch innerhalb der verwendeten Satzstrukturen auf Variationen zu achten, darüber hinaus aber auch bei der Wortwahl ein Bemühen um eine angenehm-originelle Sprachwahl ratsam. Die deutsche Sprache ist reich an Synonymen und besitzt insbesondere im Bereich der Konjunktionen eine Vielzahl von zu Unrecht wenig verwendeten Ausdrücken. Gerade im juristischen Bereich ist insoweit die unselige Alleinherrschaft des Wörtchens „mithin" in Erinnerung zu rufen, gegen das zwar an sich nichts einzuwenden ist, das aber auch keinerlei Vorzüge gegenüber den weitgehend inhaltsgleichen „somit", „folglich", „daher", „damit" usw. besitzt. Ähnliches gilt für den ständigen Gebrauch der Formel „meines Erachtens". Auch eine Tendenz zu persönlichen Lieblingswörtern und -floskeln ist häufig nachteilhaft; hier gilt es, sich selbst kritisch zu hinterfragen und gegebenenfalls die Aversionsmethode in Ansatz zu bringen (wer zehnmal hintereinander bewusst formuliert hat „also ehrlich gesagt", der macht das vielleicht auch unbewusst so schnell nicht wieder).

66 Auf der anderen Seite kann die kunstvolle Wiederholung natürlich auch selbst ein Stilmittel sein. Das betrifft insbesondere die Anapher (gleicher Satzanfang, z.B. „I have a dream") und kann bei einem gekonnten Einsatz überaus elegant wirken. Nicht hierunter fällt aber die unter Studenten verbreitete Vorgehensweise, den gebotenen Gutachtenstil dadurch zu ersetzen, dass jeder auch nur ansatzweise problematische Punkt mit einem „Fraglich ist …" begonnen wird. Hier wird das gebotene Problembewusstsein schon auf der allerersten sprachlichen Stufe durch das langweilige, Unterschiede nivellierende Vorgehen konterkariert. Es empfiehlt sich, zumindest die Eingangsvokabel zu variieren und auch mal ein „problematisch", „zu klären" oder „zweifelhaft" einzustreuen. Noch besser ist es indes, wenn der gesamte Satzbau verändert und nach Möglichkeit auf das spezifische Geschehen zugeschnitten wird.

Beispiel: *„Nach all dem stellt sich die für die weitere Fallbearbeitung entscheidende Frage, ob ..."*

Das leitet indes bereits über zu dem Problem, ob und inwieweit im Vortrag der Gutachtenstil angebracht ist.

2. Problemkonstellationen

a) Gutachtenstil

67 Prinzipiell ist auch im Vortrag (bei Fallbearbeitungen) der Gutachtenstil zu verwenden. Diese aus den Klausuren bekannte Technik beinhaltet letztlich vor allem eine Verzögerung, die bei korrekter

Anwendung einen transparenten und auch für den Bearbeiter vorteilhaften, da die Selbstkontrolle bestärkenden, Prüfungsweg garantiert. Im Wesentlichen geht es dabei darum, eine Frage aufzuwerfen, diese zu erörtern und so zu einer Antwort zu kommen. Der Zuhörer wird damit über die einzelnen Anspruchsvoraussetzungen zum Ergebnis hingeführt. Typisches Kennzeichen ist daher das Aufwerfen eines Problems im Konjunktiv, um sodann über die Definition der Tatbestandsmerkmale und die Subsumtion des Sachverhalts unter diese Merkmale zum (Zwischen-)Ergebnis zu gelangen.

Demgegenüber steht bei Verwendung des Urteilsstils das Ergebnis am Anfang der Bearbeitung. Erst im Anschluss wird die Begründung geliefert. Charakteristisch für den Urteilsstil ist demnach, dass jeder Satz mit einem „denn" oder „weil" an den vorangegangenen anschließen könnte. Jeder Folgesatz ist hier die Antwort auf eine gegenüber dem vorangegangenen Satz gestellte, unausgesprochen bleibende Frage: Warum? Umgekehrt gilt also, dass jeder Satz, der mit einem „denn" oder „weil" beginnt, nicht dem Gutachtenstil entspricht und deshalb regelmäßig vermieden werden muss. Vielmehr deuten Wörter wie „daher", „also", „folglich", „deshalb", „mithin" oder „somit" auf eine gutachterliche Gedankenführung hin.

Durch einen derartigen, durchgängig eingehaltenen Gutachtenstil **68**
verlöre indes der Vortrag nicht nur an Verständlichkeit, sondern würde voraussichtlich auch kaum innerhalb der vorgegebenen – relativ engen – zeitlichen Rahmenbedingungen auszuführen sein. Deshalb sollte Unproblematisches und Selbstverständliches im Urteilsstil dargestellt werden. Gerade in diesem Fall muss aber streng auf den Sachverhaltsbezug geachtet werden.[36] Damit wird zugleich eine inhaltliche Prüfungsleistung erbracht: Denn der Kandidat zeigt damit nicht nur, dass er beide Stilarten beherrscht und zu verbinden versteht, sondern zugleich, dass er Wesentliches von Unwesentlichem trennen und Schwerpunkte setzen kann.

Ausführliche Ausführungen sind nur an problematischen Stellen **69**
geboten. Diese werden daher im Gutachtenstil untersucht. Unproblematisches können (und sollten) Sie demgegenüber kurz und prägnant darstellen. Allerdings ist Vorsicht geboten: Nicht alles, was Sie für unwesentlich oder unproblematisch erachten, interessiert auch den Zuhörer nicht. Auch insoweit müssen Sie sich durch Übung an den im jeweiligen Fallkontext gebotenen Kompromiss aus knapper

[36] S. z.B. unten Rn. 84, 207.

Darstellung (im Urteilstil) und ausführlicher Prüfung (im Gutachtenstil) herantasten.

b) Verwendung der ersten Person Singular („Ich-Erzählung“)

70 In Klausuren ist es völlig unüblich und wohl auch etwas verpönt, sich selbst sprachlich durch die Verwendung der ersten Person Singular in die Lösung einzubringen. Im Vortrag ist das anders: Hier erhöht es die Lebendigkeit und damit die Verständlichkeit des Gesagten, wenn sich der Vortragende, der ohnehin in persona vor den Prüfern steht, eine Ich-Erzählform verwendet.[37] Das darf indes nicht dazu führen, dass die gebotene Distanz gegenüber dem Prüfungsstoff verloren geht. Die Einbringung der persönlichen Perspektive in sprachlicher Hinsicht bedeutet keine Änderung des Maßstabs in inhaltlicher Hinsicht; das persönliche Judiz ersetzt keinesfalls die gebotene streng dogmatisch-rationale Prüfung.

c) Fremdsprachen und Fremdwörter

71 Vorsicht Falle: Man braucht zwar kein Großes Latinum, um die relativ begrenzten lateinischen juristischen Sinnsprüche und Ausdrücke wiedergeben zu können. Gleichwohl sollte man diese nur einsetzen, wenn man sich über ihre Bedeutung und Zusammensetzung vollständig im Klaren ist. Anderenfalls droht eine überaus peinliche Situation.[38] Wer daher beispielsweise hervorheben möchte, dass ein Gesetz aufgrund der enthaltenen spezielleren Regelung gegenüber einer allgemeineren Vorschrift Vorrang besitzt, kann dieses Verhältnis als eines von lex specialis und lex generalis bezeichnen. Lex specialiter ist falsch, weil statt eines Adjektivs ein Adverb verwendet wird, und es heißt auch nicht das oder der, sondern die lex, weil das Geschlecht aus der Lehnsprache übernommen wird. Ähnliches gilt für das Griechische: Auch hier ist neben der Betonung (grundsätzlich auf der vorvorletzten Silbe: AristOteles, SOkrates, CHArisma) insbesondere das Geschlecht problematisch: Richtig ist das Telos, aber der Nomos. Deshalb sollte – und das trifft in gleicher Form auch für den Gebrauch von Fremdwörtern zu – bei auch nur leichten Unsicherheiten ganz

[37] Ebenso *Haft*, Juristische Rhetorik, S. 167 (mit dem allerdings mit Vorsicht zu genießenden Ratschlag: „Man spreche nicht wie ein typischer Jurist“).

[38] Z.B. *Kaiser*, Die Zivilgerichtsklausur im Assessorexamen, 2005, Rn. 23 („die Tempi des Tatbestandes“ – *andante con moto*? *Allegro ma non troppo*? Gemeint sind aber die *Zeiten*; die jüngste Auflage spricht dementsprechend zu Recht von den „Zeitformen“.); ähnlich *Meyer-Mews*, NJW 2000, 916 ff. (*contra* verlangt den Akkusativ); s.a. die Rezension von *Fögen* (zu F.W. Graf, Moses Vermächtnis, 2006), Rechtsgeschichte 9 (2006), 170 (171).

allgemein der Grundsatz beherzigt werden, im Zweifel lieber eine deutsche Umschreibung zu wählen.

d) Normen

Allgemeines Kennzeichen qualitätsvollen juristischen Arbeitens und damit auch und gerade für die Prüfung unabdingbar ist das genaue Zitieren der verwendeten Gesetzesvorschriften. Dabei genügt es grundsätzlich nicht, nur den jeweiligen Paragraphen oder Artikel zu nennen, wenn dieser aus mehreren Absätzen und Sätzen/Halbsätzen besteht und/oder verschiedene Varianten enthält. Um den Eindruck einer unreflektierten oder doch oberflächlichen Verwendung zu vermeiden, ist es vielmehr unerlässlich, jedenfalls bei der ersten Bezugnahme auf die einschlägige Norm diese in größtmöglicher Präzision anzugeben. **72**

Auf der anderen Seite ist es – anders als in der Klausur – im Vortrag wohl angängig, im späteren Verlauf die eingangs detailliert erwähnte Vorschrift in einer abgekürzten Version zu nennen, weil die wiederholte ausführliche Bezeichnung schnell ermüdend wirkt. Als Ausnahme vom Grundsatz der freien Rede dürfte es hier zudem nicht zu beanstanden sein, wenn eine entscheidende Norm abgelesen wird. Das gilt jedenfalls dann, wenn es gerade auf deren genauen Wortlaut ankommt.

IV. Der Aufbau des Vortrags

1. Einstieg in den Vortrag

Als Einstieg in den Vortrag empfiehlt sich ein Standardsatz, den man – anders als den restlichen Vortrag – bereits vorab verinnerlichen und auswendig können sollte. Das befreit zwar nicht von der Verpflichtung, die vorbereitete Formulierung an den konkreten Sachverhalt bzw. die konkrete Themenstellung anzupassen. Es ermöglicht aber, eine gewisse Sicherheit zu gewinnen. Zudem ist dies eine gute Gelegenheit, mit den Prüfern Blickkontakt aufzunehmen und damit zu signalisieren, dass man wirklich zu ihnen spricht. Schließlich wirkt es auch alles andere als souverän, wenn bereits ganz zu Beginn des Vortrags der Blick an den vorbereiteten Stichworten klebt. **73**

Inhaltlich ist es natürlich vollkommen unerlässlich, das konkrete Vortragsthema zu nennen bzw. eine kurze Sachverhaltsdarstellung zu leisten. Um die Struktur des Vortrags deutlich zu machen, kann es daneben äußerst sinnvoll sein, dessen groben Verlauf im Vorhinein zu skizzieren. Hier kann es helfen, sich an der Aufgabenstellung zu orientieren. **74**

Beispiel: *„Mein Vortrag gliedert sich in zwei Teile. Zunächst werde ich mich mit dem Problem auseinandersetzen ... Im zweiten Teil des Vortrags beschäftige ich mich sodann mit einer Fallkonstellation, in der diese zunächst abstrakt beschriebene Problematik praxisrelevant wird." oder „In meinem Vortrag prüfe ich die Strafbarkeit des A. Dieser hat ... Er könnte sich durch dieses Verhalten nach §§ ... StGB strafbar gemacht haben."*

75 Das bedeutet allerdings nicht, völlig Selbstverständliches als besondere Eigenart zu referieren. Wer etwa ankündigt: „Ich beginne mit dem objektiven Tatbestand des § 211 StGB und prüfe dann Vorsatz, Rechtswidrigkeit und Schuld" wird damit von den Prüfern kein zustimmendes Nicken ernten, sondern nur Unverständnis erzeugen. Und mit der Aussage „Nachfolgend werden zunächst die vollendete Körperverletzung, dann die versuchte Körperverletzung einschließlich des strafbefreienden Rücktritts vom Versuch geprüft" nimmt man bereits so viel vom Ergebnis vorweg, dass die erstrebenswerte Spannung weitgehend verloren geht. Auch für den Einstieg gilt im Übrigen, dass es auf das rechte Maß ankommt: Weder zu kurz noch zu lang, nicht zu „spritzig" oder gar mit dem Versuch eines Kalauers, engagiert, aber doch distanziert.

2. Überleitung/Hauptteil

76 Mit der einleitend aufgezeigten groben Gliederung des Vortrags ist zugleich der Bogen zum jetzt folgenden Hauptteil geschlagen. Hier geht es sodann „nur noch" darum, die eingangs skizzierten Prüfungspunkte mit Leben zu füllen. Wichtig ist es gerade an dieser Stelle, einerseits den zuvor überlegten Prüfungskomplexen und Argumentationen sorgfältig nachzugehen. Für Improvisation ist es in der Regel zu spät. Andererseits befreit das aber nicht vor dem Erfordernis, den Überblick über das bereits Gesagte und die noch verbleibende Zeit zu behalten. Kaum etwas ist schlimmer als ein Vortrag, der von den Prüfern abgebrochen werden muss. Deshalb sollte man aller grundsätzlichen Orientierung am Vorbereiteten zum Trotz immer den Kernpunkt des Vortrags vor Augen haben und diesen in jedem Fall präsentieren können. Notfalls muss man dazu eben auch den Mut besitzen, relativ unproblematische Punkte (noch weiter) abzukürzen oder gar ganz wegzulassen, wenn anderenfalls der Vortrag nicht in der vorgegebenen Zeit beendet werden kann.

77 Diese Notsituation ist indes etwas anderes als die Standardproblematik eines engen Zeitrahmens. Diesen offen zu kritisieren oder zu bedauern, wirkt unsouverän und verkennt, dass alle anderen sich in der gleichen Situation befinden. Von hilflos wirkenden, in der Sache nicht weiterführenden Zusätzen wie „das kann hier leider nicht erörtert werden" ist daher eher abzuraten. Auch die Floskel „das kann vielleicht noch Gegenstand der Diskussion sein" ist unglücklich, weil manche Prüfer sich ungern in dieser Form vorgreifen lassen. Stattdessen sollte die knappe Zeit prinzipiell kommentarlos durch die Wahl eines entsprechend (zeitlich) passenden Prüfprogramms berücksichtigt werden. Sinnvoll kann es demgegenüber sein, innerhalb des Vortrags durch bewusst platzierte Zwischenergebnisse Strukturen zu schaffen bzw. bewusst noch einmal auf die Gliederungsebenen zu verweisen.

Beispiel: *„Damit komme ich zu der Frage der rechtlichen Einordnung eines entsprechenden Irrtums."*

Insgesamt lassen sich jedoch für diesen Part am wenigsten allgemeine Hinweise geben, weil die konkrete Darstellungsform hier besonders stark der jeweiligen Aufgabenstellung korrespondiert. Allerdings sollten die Kandidaten darauf achten, eindeutig den Schwerpunkt bei den an dieser Stelle erforderlichen rechtlichen Ausführungen zu setzen. Weder die (knappe) Darstellung des Sachverhaltes oder der Themenstellung noch die abschließende Zusammenfassung sollten nennenswerte Zeitbudgets beanspruchen; beide haben letztlich nur dienende Funktion und einen geringen Eigenwert.

3. Ende des Vortrags

Das Ende des Vortrags kann, muss man aber nicht ankündigen. **78**

Beispiel: *„Damit komme ich zum Schluss." oder „Ich fasse abschließend noch einmal zusammen."*

In jedem Fall sollte aber ein klar erkennbarer Abschluss am Ende des Vortrages stehen. In Fallkonstellationen muss das Gesamtergebnis präsentiert werden; bei thematischen Aufgabenstellungen können gegebenenfalls die gefundenen Ergebnisse summarisch zusammengefasst werden, im Übrigen endet der thematische Vortrag mit der letzten Aussage zur Sache.

Ferner empfehlen wir nachdrücklich, den Vortrag mit einem kurzen Dank für die Aufmerksamkeit zu beenden. Das ist nicht nur höflich und schon deshalb angebracht, sondern signalisiert auch ganz eindeutig das Ende der eigenen Ausführungen und vermeidet das für alle Seiten peinliche Gefühl eines „War's das?".

Beispiel: *„Im Ergebnis hat sich B also wegen ... strafbar gemacht. Ich danke Ihnen für Ihre Aufmerksamkeit." (Fallbearbeitung) oder „Letztlich erweist sich somit die von der jüngeren Rechtsprechung vertretene Lösungsvariante als überzeugend. Ich danke Ihnen sehr für Ihre Aufmerksamkeit!" (Themenstellung)*

V. Zeiteinteilung

79 Unter Zugrundelegung der in den meisten Bundesländern vorgesehenen 60minütigen Vorbereitungszeit ergibt sich dabei das folgende, allerdings nur als grobe, im Einzelfall variable Leitlinie zu verstehende Zeitschema:

– Lesen und Durchdenken der Aufgabenstellung, Erstellen einer Lösungsskizze: 20 Minuten,
– weitere juristische Überprüfung, Kontrollüberlegungen/-lektüre: 25 Minuten,
– ggf. schriftliche Niederlegung in Stichworten (Karteikarten o.ä.): fünf Minuten,
– abschließende Durchsicht der eigenen Aufzeichnungen, Memorieren der zentralen Formulierungen/Gliederungspunkte, nochmalige Kontrolle des Sachverhaltes: zehn Minuten.

Kapitel 2. Fälle und Themen

Einleitende Bemerkungen

Die folgenden, unterschiedlich schwierigen Aufgabenstellungen sind – der Prüfungspraxis entsprechend – teilweise als Themenstellungen und teilweise als Fallbearbeitungen formuliert.[39] Für Examenskandidaten aus Sachsen-Anhalt gilt die Besonderheit, dass dort nur Themenstellungen geprüft werden und dass die Vorbereitungszeit lediglich dreißig Minuten beträgt. Dem kann bei Vorbereitung mit diesem Buch dadurch Rechnung getragen werden, dass bei den Themenstellungen immer nur jeweils eine Frage bearbeitet wird. **80**

Die hier wiedergegebenen Lösungsvorschläge sind in dieser Ausführlichkeit in der vorgegebenen Vortragszeit kaum zu leisten.[40] Die umfangreiche Darstellung soll aber einen Eindruck vermitteln, was aus der Aufgabenstellung herauszuholen ist. Sie ermöglicht es ferner, die eigene Lösung auf ihre Übereinstimmung mit dem hier Vorgeschlagenen, aber auch auf die notwendige Schwerpunktsetzung hin zu überprüfen. **81**

Die Lösungshinweise sind grundsätzlich in Vortragsform gestaltet. Die vorangestellte Gliederung dient nur der besseren Übersichtlichkeit; die einzelnen Gliederungspunkte sollten beim mündlichen Vortrag als solche nicht wiedergegeben werden. In ähnlicher Form sollte schließlich die hier vorgenommene Einteilung in Absätze als Ausdruck bewusst gesetzter Sprechpausen wahrgenommen werden.

---

[39] Zur Bandbreite der möglichen Aufgabenstellungen vgl. die im Anhang abgedruckten Hinweise der jeweiligen Landesjustizprüfungsämter.

[40] S. schon oben Rn. 8.

Aufgabe 1: „Wertvolle“ Mobiltelefone

A. Aufgabenstellung

D geht nachts durch die Innenstadt. Er kommt an einem Geschäft mit Mobiltelefonen vorbei. Im Schaufenster sind 4 neue Modelle ausgestellt. Jedes Gerät kostet zwischen 150 und 260 Euro. D sieht diese Preise und beschließt, in das Geschäft einzubrechen. Er schlägt mit einem großen Stein die Eingangstür aus Glas ein und gelangt durch die Öffnung in den Verkaufsraum. Schnell nimmt er die 4 Geräte aus dem Fenster und verlässt das Geschäft. **82**

Als er diese später genauer ansieht, stellt er fest, dass es sich um billige Plastik-Nachbildungen handelt. Ein Angestellter hatte vor Geschäftsschluss die echten Mobiltelefone gegen diese Attrappen, die pro Stück einen Wert von 3 Euro haben, ausgetauscht.

1. Prüfen Sie die Strafbarkeit des D.

Bearbeitungshinweis: Strafanträge sind soweit erforderlich gestellt. Nicht zu prüfen sind die §§ 123, 303 StGB.

2. Der Firmeninhaber des Mobiltelefongeschäfts ärgert sich über den Schaden, den D durch die Beschädigung der Tür angerichtet hat. Er erfährt durch Zufall, dass es gegen den D wegen der Tat bald zu einer Gerichtsverhandlung vor dem Strafrichter kommen soll. Aus der Presse hat er erfahren, dass es ein sog. Adhäsionsverfahren in der Strafprozessordnung gibt, mit dem die Opfer einer Straftat vor Gericht eine Entschädigung erhalten können.

Er kommt zu Ihnen und möchte wissen, was das für ein Verfahren ist und welchen Zweck es verfolgt.

B. Lösungshinweise

I. Vortragsgliederung

1. Strafbarkeit des D aus §§ 242, 243 Abs. 1 S. 2 Nr. 1 StGB
   a) § 242 Abs. 1 StGB
      aa) Objektiver Tatbestand
      bb) Subjektiver Tatbestand
      cc) Rechtswidrigkeit und Schuld
      dd) Zwischenergebnis
   b) § 243 Abs. 1 S. 2 Nr. 1
      aa) Einbruch in einen umschlossenen Raum
      bb) Kenntnis von den objektiven Umständen und Finalzusammenhang
      cc) Rechtsfolgen des Irrtums über den Wert
      dd) Strafantragsvoraussetzung
   c) Ergebnis
2. Zusatzfrage: Adhäsionsverfahren
   a) Normen
   b) Sinn und Zweck

II. Vortragsvorschlag

83 Sehr geehrte Damen und Herren,

Gegenstand meiner Prüfung ist die Strafbarkeit des D. Dieser hat aus einem Schaufenster mehrere Mobiltelefone an sich genommen, indem er mit einem Stein die Glastür des Geschäfts zertrümmerte und sich so Zugang zu dem Raum verschaffte. Er ging dabei davon aus, dass es sich um hochwertige Geräte handelte. Im Nachhinein musste er feststellen, dass er billige Nachbildungen mitgenommen hatte.

84 1. D könnte sich wegen eines Diebstahls in einem besonders schweren Fall in der Konstellation des Einbrechens in einen Geschäftsraum strafbar gemacht haben.

a) Ich beginne zunächst mit der Prüfung der Voraussetzungen des § 242 Abs. 1 StGB, bevor ich zu der Frage komme, ob D ein Regelbeispiel erfüllt hat:

aa) Der objektive Tatbestand des § 242 Abs. 1 StGB setzt voraus, dass D fremde bewegliche Sachen weggenommen hat. Bei den Nachbildungen handelt es sich um bewegliche Sachen, die im Eigentum eines anderen stehen und damit für D fremd sind. Indem er sie einsteckte und wegging, kam es auch zu dem für den objektiven Tatbestand erforderlichen Gewahrsamsbruch. Eine Wegnahmehandlung des D liegt somit vor.

Fassen Sie sich in diesem Bereich kurz. Die Probleme liegen hier ersichtlich nicht im objektiven Tatbestand des Diebstahls.

bb) Ferner müsste der subjektive Tatbestand der Norm erfüllt sein. **85**
D müsste vorsätzlich hinsichtlich der Merkmale des objektiven Tatbestandes und mit Zueignungsabsicht gehandelt haben. D wusste, dass es sich bei den Mobiltelefonen um fremde bewegliche Sachen handelt, die er wegnahm.

Die Zueignung der Sache erfordert eine dauernde Enteignung des Berechtigten sowie eine zumindest vorübergehende Aneignung durch den Täter.[41] D wollte dem Berechtigten die Mobiltelefone dauerhaft entziehen und sie zumindest für einen gewissen Zeitraum seinem eigenen Vermögen einverleiben. Somit könnte er auch die erforderliche Zueignungsabsicht haben.

Fraglich ist jedoch, ob es sich im Rahmen des subjektiven Tatbe- **86**
stands auswirkt, dass D die Mobiltelefone fälschlich für echt und damit für wertvoll hielt. Es handelt sich hier um einen Fall der nachträglich enttäuschten Beuteerwartung. Bei der Beurteilung dieser Frage ist zwischen den Voraussetzungen, die an den Vorsatz des Täters gestellt werden, sowie denen der Zueignungsabsicht zu unterscheiden.[42]

Der Vorsatz des Diebes muss sich auf die Wegnahme irgendeiner Sache im Eigentum irgendeiner Person beziehen. Dolus eventualis genügt. D wusste, dass die Geräte aus der Auslage im Gewahrsam und Eigentum eines anderen stehen. Er handelte somit vorsätzlich, der Irrtum über die Werthaltigkeit der Gegenstände ist ein unbeachtlicher Motivirrtum.

Hingegen muss sich die Zueignungsabsicht auf die tatsächlich entwendeten Gegenstände beziehen. Der Täter muss daher im Zeitpunkt der Wegnahme sowohl Vorstellungen über die Art der Beute haben als auch den Willen, das Weggenommene sich bzw. einem Dritten anzueignen und den Berechtigten dauerhaft zu enteignen[43].

---

[41] Schönke/Schröder/*Eser/Bosch*, StGB, § 242 Rn. 47, 61 ff.; *Lackner/Kühl*, StGB, § 242 Rn. 21. Ausführlich *Wessels/Hillenkamp*, BT/2, Rn. 150 ff.

[42] Schönke/Schröder/*Eser/Bosch*, StGB, § 242 Rn. 44 f.; *Lackner/Kühl*, StGB, § 242 Rn. 19 f.

[43] *BGH* NStZ 1981, 63.

87 D hat hier genau die Gegenstände stehlen wollen, die er letztlich mitgenommen hat. Bei der Tat war er der festen Überzeugung, dass er genau die Gegenstände entwendet, auf die es ihm ankam. Insoweit liegt ein Identitätsirrtum vor, der den subjektiven Tatbestand nicht entfallen lässt.[44]

Die Zueignung war auch rechtswidrig, da D keinen Anspruch auf die Gegenstände hat. Da D dies wusste, handelte er auch vorsätzlich im Hinblick auf die Rechtswidrigkeit der Zueignung.

cc) Da weder Rechtfertigungs- noch Entschuldigungsgründe ersichtlich sind, handelte D auch rechtswidrig und schuldhaft.

dd) Damit ist die Strafbarkeit nach § 242 Abs. 1 StGB gegeben.

88 b) Ich komme nunmehr zu der Frage, ob D einen Diebstahl in einem besonders schweren Fall gemäß § 243 Abs. 1 S. 2 Nr. 1 StGB verwirklicht hat.

Bei § 243 StGB handelt es sich nicht um eine tatbestandliche Qualifikation, sondern um eine Strafzumessungsregel. Erforderlich für einen Tatbestand wäre eine zwingende Regelung und abschließende Aufzählung. Anders ist es bei § 243 StGB, der, wie sich aus der Formulierung „in der Regel" ergibt, weder zwingend noch abschließend ist. Ein Regelbeispiel entfaltet Indizwirkung. Die Prüfung, ob ein Regelbeispiel vorliegt, erfolgt daher erst nach Feststellung der Schuld, wobei bei der Prüfung tatbestandsähnlich vorzugehen und eine Prüfung sowohl der objektiven als auch subjektiven Voraussetzungen durchzuführen ist.[45]

89 aa) D müsste, indem er sich gewaltsam Zutritt zu dem Geschäftsraum verschaffte, in einen umschlossenen Raum eingebrochen sein. Der „umschlossene Raum" bildet den Oberbegriff der von § 243 Abs. 1 S. 2 Nr. 1 StGB geschützten Sphäre. Die Merkmale Gebäude, Dienst- oder Geschäftsraum, die das Gesetz nennt, sind lediglich Unterfälle.

Unter einem umschlossenen Raum versteht man jedes zumindest teilweise durch künstliche Hindernisse gegen das Betreten durch Unbefugte geschützte Raumgebilde, das von Menschen betreten werden kann. Bei einem Geschäftsraum kommt hinzu, dass dieser für eine

---

[44] *Lackner/Kühl*, StGB, § 15 Rn. 13.

[45] S. etwa Schönke/Schröder/*Lenckner/Stree/Kinzig*, StGB, Vorb. §§ 38 ff. Rn. 47 ff.; Schönke/Schröder/*Eser/Bosch*, StGB, § 243 Rn. 1 ; *Gropp*, JuS 1999, 1041 (1047 ff.).

gewisse Dauer zum Betrieb von Geschäften genutzt wird. Verschlossen braucht der Raum nicht zu sein.[46]

Bei den Verkaufsräumen des Telekommunikationsgeschäfts handelt es sich um einen umschlossenen Raum in Form eines Geschäftsraums, und auch das Schaufenster gehört noch zu diesem Geschäftsraum.

D müsste weiter eine der in Nr. 1 genannten Handlungsmodalitäten **90**
erfüllt haben.

Er könnte das Merkmal „einbrechen“ erfüllt haben. Einbrechen ist das gewaltsame Öffnen einer den Zutritt verwehrenden Umschließung oder das Erweitern eines Zugangs. Erforderlich ist zudem eine gewisse körperliche Anstrengung, jedoch wird keine besondere Kraftentfaltung des Täters verlangt.[47]

D hat die Scheibe der Eingangstür mit einem Stein eingeschlagen und ist durch diese Öffnung in das Geschäft gelangt. Somit ist er eingebrochen.

bb) Subjektiv erfordert die Bestrafung aus dem Regelbeispiel die **91**
Kenntnis des Täters von den objektiven Umständen. Dies ist hier der Fall.

Ferner wird ein besonderer subjektiver Zusammenhang zwischen dem Einbrechen und dem Diebstahl verlangt. Diese Voraussetzung wird als Finalzusammenhang bezeichnet und ergibt sich aus dem Gesetzeswortlaut „zur Ausführung der Tat“. D müsste folglich „zur Ausführung der Tat“, also des Diebstahls, eingebrochen sein.

D hat hier die Tür zu dem Verkaufsraum gerade zur Verwirklichung der Wegnahme der Mobiltelefone eingeworfen. Er wollte den Verkaufsraum betreten, um die Geräte mitnehmen zu können. Insoweit besteht auch der erforderliche Finalzusammenhang.

cc) Zweifelhaft ist nunmehr allerdings, wie es sich auswirkt, dass D **92**
irrig davon ausging, Mobiltelefone mit einem Wert von mehreren hundert Euro mitzunehmen, während es sich tatsächlich um billige Nachbildungen handelte. § 243 Abs. 2 StGB sieht insoweit den Ausschluss des besonders schweren Falls für geringwertige Sachen vor. Da die Nachbildungen insgesamt einen Wert von lediglich 12 Euro haben, könnte § 243 Abs. 2 StGB eingreifen.

---

[46] Schönke/Schröder/*Eser/Bosch*, StGB, § 243 Rn. 8; *Lackner/Kühl*, StGB, § 243 Rn. 9, § 123 Rn. 3 f.

[47] Schönke/Schröder/*Eser/Bosch*, StGB, § 243 Rn. 11; *Lackner/Kühl*, StGB, § 243 Rn. 10; *Wessels/Hillenkamp*, BT/2, Rn. 225.

Für die Frage der Geringwertigkeit ist, soweit mehrere Sachen weggenommen werden, die Ermittlung des Gesamtwerts geboten.[48] Dieser liegt hier bei 12 Euro. Damit hat D objektiv geringwertige Sachen mitgenommen.

93 Es stellt sich damit die Frage, ob die Bestrafung aus dem Regelbeispiel gem. § 243 Abs. 2 StGB damit ausgeschlossen ist.

Die herrschende Meinung begreift Abs. 2 als Ausschlussklausel, die nur eingreift, wenn das Tatobjekt objektiv geringwertig ist und die Tat sich auch subjektiv auf eine geringwertige Sache bezieht. Denn da § 243 StGB die Strafzumessungsebene betrifft, für die nicht nur Gesichtspunkte des Erfolgsunwerts, sondern auch solche des Handlungsunrechts bzw. der Schuld maßgeblich sind, darf die Anwendung von § 243 Abs. 2 StGB weder einseitig von objektiven Gegebenheiten noch einseitig vom subjektiven Tatplan abhängig gemacht werden[49].

Dies bedeutet für den vorliegenden Fall, dass der Ausschluss des Regelbeispiels nicht eingreift, da D die objektiv geringwertigen Sachen irrtümlich für hochwertig hält.

94 Fraglich ist jedoch, ob in einem solchen Fall nicht die Indizwirkung des Regelbeispiels entfällt und es bei dem Strafrahmen des § 242 Abs. 1 StGB verbleibt.

Dafür spricht der niedrige Erfolgsunwert. Die von D erbeuteten Gegenstände haben nahezu keinen Wert. Der im Hinblick auf den Diebstahl eingetretene Schaden ist daher gering. Daher besteht grundsätzlich die Möglichkeit, von einem besonders schweren Fall abzusehen.[50]

Nach meinem Verständnis ist an dieser Stelle weiter zu fragen, ob es daneben Faktoren gibt, die den niedrigen Erfolgsunwert der Tat kompensieren und somit bei einer Gesamtbetrachtung die Annahme des Regelbeispiels rechtfertigen.

Hier ist erstens der hohe Handlungsunwert sowie zweitens der durch das Einschlagen der Tür entstandene Schaden zu berücksichtigen. Im Ergebnis überwiegt meines Erachtens hier jedoch der besonders niedrige Erfolgsunwert. Die Mobiltelefone weisen insgesamt einen Wert von lediglich 12,– Euro auf. Insoweit ist die Annahme eines besonders schweren Falls zu verneinen.

---

[48] MünchKomm-StGB/*Schmitz*, Bd. 4, § 243 Rn. 71; *Wessels/Hillenkamp*, BT/2, Rn. 252.

[49] Schönke/Schröder/*Eser/Bosch*, StGB, § 243 Rn. 52; *BGH* NStZ 1987, 71; a.A. MünchKomm-StGB/*Schmitz*, Bd. 3, § 243 Rn. 74.

[50] Schönke/Schröder/*Eser/Bosch*, StGB, § 243 Rn. 1; *Lackner/Kühl*, StGB, § 243 Rn. 5; MünchKomm-StGB/*Schmitz*, Bd. 3, § 243 Rn. 64.

An dieser Stelle kann man sich entsprechend der obigen Argumentation frei entscheiden. Es geht letztlich um die Abwägung, ob bei einer Gesamtbetrachtung die Indizwirkung des Regelbeispiels durch andere Umstände kompensiert wird oder nicht. **95**

dd) Auf der Grundlage meiner obigen Ausführungen komme ich zu einer Strafbarkeit des D aus § 242 StGB. Der aufgrund der Geringwertigkeit des Diebesguts gemäß § 248a StGB erforderliche Strafantrag ist laut Bearbeitungshinweis gestellt.

Kommt man zu dem Ergebnis einer Strafbarkeit nach § 243 StGB, ist zu problematisieren, ob das Strafantragserfordernis auch in diesem Fall zu beachten ist.

c) Im Ergebnis ist D somit wegen Diebstahls zu bestrafen.

2. Abschließend noch zur Zusatzfrage. Diese befasst sich mit dem Anliegen des Geschäftsinhabers, der wissen möchte, ob er im Rahmen eines Strafverfahrens Schadensersatz erhalten kann. **96**

Da für derartige Ansprüche üblicherweise die Zivilgerichte zuständig sind, scheint dies auf den ersten Blick nicht möglich.

a) Tatsächlich ist jedoch das Verfahren zur Entschädigung des Verletzten, auch Adhäsionsverfahren genannt, in den §§ 403 ff StPO geregelt. Es ermöglicht dem durch eine Straftat Verletztem, vermögensrechtliche Ansprüche, die aus einer Straftat stammen in einem laufenden Strafverfahren zu verfolgen.

b) Er kann daher diese Ansprüche gegen den Beschuldigten im Strafverfahren verfolgen. Es handelt sich somit um ein besonderes Recht der Opfer einer Straftat. Für diese ist das Adhäsionsverfahren[51] von Vorteil, weil es ihnen einen weiteren Prozess inklusive des Erfordernisses eines Gerichtskostenvorschusses erspart. Zudem wären sie in einem zivilrechtlichen Verfahren als Kläger beweisbelastet. Im Strafverfahren hingegen werden die Umstände der Tat von Amts wegen aufgeklärt.[52]

Ich danke Ihnen für Ihre Aufmerksamkeit.

[51] Dazu im Überblick *Dallmeyer*, JuS 2005, 327 ff.

[52] S. § 160 Abs. 1 StPO; dazu z.B. *Geppert*, Jura 1982, 139 ff.

97 Die Zusatzfrage scheint auf den ersten Blick vertiefte Kenntnisse im Strafprozessrecht vorauszusetzen. Im ersten Staatsexamen wird sich der Prüfer bei einer solchen Fragestellung grundsätzlich zufrieden zeigen, wenn Sie die einschlägige Vorschrift nennen und in groben Zügen das Verfahren erklären können. Hierfür reicht im Ergebnis die Wiedergabe des Gesetzestextes und – besonders schön – eine kurze Bemerkung zu dem möglichen Sinn und Zweck des Adhäsionsverfahrens aus. Die Frage soll Ihnen zeigen, dass Sie sich von vermeintlich „exotischen“ Fragestellungen nicht entmutigen lassen dürfen, sondern immer den Versuch unternehmen müssen, mit dem Gesetzestext eine Antwort zu finden. Im Gegensatz zu den übrigen Teilen der mündlichen Prüfung haben Sie in der Vorbereitung des Kurzvortrages Zeit, sich mit Hilfe des Inhaltsverzeichnisses einen Überblick zu verschaffen.

C. Literatur zur Vertiefung

Kudlich, Angefangen vielleicht ja – aber womit?, JA 2017, 152 ff.; *Huber*, Grundwissen – Strafrecht: Versuchter besonders schwerer Fall des Diebstahls?, JuS 2016, 597 ff.; *v. Atens/Schröder*, Referendarexamensklausur: Eine feurige Spritztour, ZJS 2016, 61 ff.; *Putzke*, Der strafbare Versuch, JuS 2009, 894 ff., 1083 ff.; *Zopfs*, Der besonders schwere Fall des Diebstahls (§ 243 StGB), Jura 2007, 421 ff.; *Eisele*, Die Regelbeispielmethode: Tatbestands- oder Strafzumessungslösung?, JA 2006, 309 ff.; *Dallmeyer*, Das Adhäsionsverfahren nach der Opferrechtsreform, JuS 2005, 327 ff.; *Reichenbach*, Über den Versuch des Regelbeispiels, Jura 2004, 260 ff.; *Schultze*, Der verschuldete Kellner und die Armbanduhr, JA 2002, 777 f.; *Zieschang*, Besonders schwere Fälle und Regelbeispiele – ein legitimes Gesetzgebungskonzept?, Jura 1999, 561 ff.

Aufgabe 2: Tempo 30!?

A. Aufgabenstellung

S ist Rechtsanwalt und hat es sehr eilig, zu einem Gerichtstermin zu kommen. Auf einer Straße, auf der die zulässige Höchstgeschwindigkeit auf 30 km/h beschränkt ist, gerät er in eine Geschwindigkeitskontrolle. Für sein Fahrzeug wird nach Abzug des Toleranzwerts eine Geschwindigkeitsüberschreitung von 24 km/h festgestellt. Gegen S wird ein Bußgeldverfahren eingeleitet. Er hat jedoch keine Lust, die Geldbuße zu bezahlen. Vielmehr möchte er sich im Bußgeldverfahren mit der Behauptung verteidigen, im Bereich der Messstelle sei eine zulässige Höchstgeschwindigkeit von 50 km/h ausgeschildert. **98**

Um dies entsprechend nachweisen zu können, überklebt er das Verkehrsschild, das die Begrenzung der Höchstgeschwindigkeit auf 30 km/h beschränkt, mit einer Folie, so dass das Schild nunmehr statt Tempo 30 eine Geschwindigkeit von 50 km/h vorschreibt. Die Tat des S wird bereits nach einer Woche entdeckt, bevor es zu einer Verhandlung wegen der Geschwindigkeitsüberschreitung gekommen ist. Die Folie konnte ohne eine Beschädigung des Verkehrsschildes entfernt werden.[53]

Strafbarkeit des S?

Bearbeitungshinweis: Strafanträge sind soweit erforderlich gestellt. Amtsdelikte sind nicht zu prüfen.

---

[53] Fall nach *OLG Köln* NJW 1999, 1042 ff.

B. Lösungshinweise

I. Vortragsgliederung

1. Sachverhalt

2. Urkundenfälschung, § 267 Abs. 1 Alt. 2 StGB
   a) Objektiver Tatbestand: Vorliegen einer Urkunde
      aa) Verkörperte Gedankenerklärung
      bb) Beweisfunktion
      cc) Erkennbarkeit des Ausstellers
      dd) Problematik der zusammengesetzten Urkunde
   b) Zwischenergebnis

3. Gemeinschädliche Sachbeschädigung, § 304 StGB
   a) Objektiver Tatbestand
   b) Vorsatz, Rechtswidrigkeit und Schuld
   c) Zwischenergebnis

4. Sachbeschädigung, § 303 StGB

5. § 145 Abs. 2 StGB

6. Versuchter Betrug, §§ 263 Abs. 1, Abs. 2, 22, 23, 12 StGB
   a) Nichtvollendung und Versuchsstrafbarkeit
   b) Vorsatz
   c) Zwischenergebnis

7. Strafvereitelung, § 258 StGB

8. Ergebnis

II. Vortragsvorschlag

99 Sehr geehrte Damen und Herren,

in meinem Vortrag prüfe ich die Strafbarkeit des S, der ein Verkehrsschild mit einer Folie überklebt hat.

1. Das Verkehrsschild ordnete als Höchstgeschwindigkeitsbegrenzung 30 km/h an. S fuhr an dieser Stelle deutlich schneller. Eine durchgeführte Geschwindigkeitsmessung ergab für ihn eine Überschreitung von 24 km/h. Nun hat S das Schild mit einer bedruckten Folie so überklebt, dass als Tempolimit 50 km/h angegeben sind. Er möchte auf diese Weise der Zahlung eines Bußgeldes entgehen.

In Betracht kommt eine Strafbarkeit wegen Urkundenfälschung, wegen Sachbeschädigung, wegen Betruges und wegen Strafvereitelung.

2. Zunächst zur Urkundenfälschung. S könnte sich wegen Urkundenfälschung gemäß § 267 Abs. 1 in der zweiten Alternative StGB strafbar gemacht haben, indem er das Verkehrsschild mit der Folie überklebte. **100**

a) Voraussetzung für den objektiven Tatbestand der Verfälschungsalternative ist, dass das Verkehrsschild eine Urkunde darstellt. Darunter versteht man eine verkörperte Gedankenerklärung, die dazu geeignet und bestimmt ist, im Rechtsverkehr bestimmte Tatsachen zu beweisen und ihren Aussteller erkennen lässt.[54] Ich möchte nunmehr im Einzelnen auf die Voraussetzungen dieses dreigliedrigen Urkundenbegriffs eingehen:

aa) Man könnte vorliegend schon am Vorliegen der ersten Voraussetzung – verkörperte Gedankenerklärung – zweifeln. Insoweit könnte man einwenden, dass das Verkehrsschild keine Schriftform aufweist, sondern lediglich eine Zahl darstellt. **101**

Unter einer verkörperten Gedankenerklärung versteht man jedoch nicht nur eine Gedankenäußerung in Schriftform, sondern auch andere Gegenstände, z.B. Zahlen oder Symbole, die nach Gesetz, Herkommen oder Vereinbarung der Beteiligten dazu bestimmt und geeignet sind, über ihr körperliches Dasein hinaus eine Gedankenäußerung des Urhebers darzustellen. Damit fallen auch die sog. Beweiszeichen, soweit die übrigen Merkmale ebenfalls vorliegen, unter den Urkundenbegriff.[55]

bb) Problematisch ist indes, dass dem Verkehrsschild für sich gesehen keine Beweisfunktion zukommt. Das Schild hat als solches zunächst keine rechtserhebliche Bedeutung. Es könnte sich die Beweisfunktion aber aus dem Umstand ergeben, dass das Verkehrsschild mit der Straße verbunden ist und insoweit erst eine rechtserhebliche Tatsache beweist. Insoweit könnte eine zusammengesetzte Urkunde vorliegen. Eine solche liegt vor, wenn eine verkörperte Gedankenerklärung **102**

[54] Schönke/Schröder/*Heine/Schuster*, StGB, § 267 Rn. 2; *Lackner/Kühl*, StGB, § 267 Rn. 2; *Wessels/Hettinger/Engländer*, BT/1, Rn. 869.

[55] Schönke/Schröder/Heine/Schuster StGB, § 267 Rn. 7, 20 ff.; *Wessels/Hettinger/Engländer*, BT/1, Rn. 883 ff.

mit dem Augenscheinsobjekt, auf das sich ihr Erklärungsinhalt bezieht, räumlich fest zu einer Beweiseinheit verbunden ist.[56]

Das Verkehrsschild mit der darauf befestigten Geschwindigkeitsbeschränkung ist vorliegend fest mit der Straße verbunden, es handelt sich nicht etwa um ein mobiles, nur vorübergehend aufgestelltes Verkehrszeichen. Es bezieht sich mit seinem Erklärungsinhalt auf den Straßenabschnitt und verkörpert die Gedankenerklärung, dass eine höhere Geschwindigkeit als 30 km/h verboten ist. Die Beweiserheblichkeit ergibt sich daraus, dass diese Geschwindigkeitsbeschränkung einen Verwaltungsakt in Form der Allgemeinverfügung im Sinne des § 35 S. 2 VwVfG darstellt.

103 cc) Als drittes Erfordernis verlangt der Urkundenbegriff, dass der Aussteller erkennbar ist. Dieser lässt sich hier nicht unmittelbar aus dem Verkehrsschild heraus benennen. Es können aber hier auch das Gesetz, das Herkommen oder eine Vereinbarung herangezogen werden, um den Aussteller zu ermitteln. Für das Verkehrsschild ist der Aussteller aus dem Gesetz erkennbar. § 45 Abs. 3 S. 1 StVO regelt, dass es der Straßenverkehrsbehörde obliegt, über das Aufstellen des Schildes zu entscheiden. Diese ist somit Urheber der Gedankenerklärung. Mithin könnte man zu der Schlussfolgerung kommen, dass das Verkehrsschild als zusammengesetzte Urkunde ein taugliches Tatobjekt darstellt.

104 dd) Gegen die Annahme der Urkundenqualität im vorliegenden Fall sprechen jedoch mehrere Gründen, die ich im Folgenden aufzeigen werde:[57]

Die Straßenverkehrsbehörde ist, wie bereits ausgeführt, der Urheber des Verkehrszeichens. Diese bestimmt aber nicht, wie und wo das Verkehrszeichen angebracht bzw. aufgestellt wird, da diese Entscheidung nach § 45 Abs. 3 S. 2 StVO der Straßenbaubehörde zusteht. Folglich entscheidet in diesen Fällen nicht der Aussteller über die feste Verbindung zwischen Gedankenerklärung und Bezugsobjekt, durch die aber erst die Urkundenqualität entsteht. Eine zusammengesetzte Urkunde setzt aber voraus, dass der Aussteller über die räumliche Verbindung bestimmt.

Gegen die Annahme der Urkundenqualität spricht ferner, dass es hier an einer räumlichen Überschaubarkeit des Augenscheinsobjekts fehlt. Die Annahme der Urkundenqualität führte zu dem seltsamen

---

[56] *BGH* NStZ 1984, 73 f.; Schönke/Schröder/*Heine/Schuster*, StGB, § 267 Rn. 36a; *Lackner/Kühl*, StGB, § 267 Rn. 8 f.; *Wessels/Hettinger/Engländer*, BT/1, Rn. 896.

[57] Vgl. *OLG Köln* NJW 1999, 1042 (1043 ff.); a.A. *Wrage*, NStZ 2000, 32 f.

Ergebnis, dass es „kilometerlange" Urkunden gäbe. Würde man das fest installierte Verkehrszeichen als Urkunde ansehen, käme es zudem zu einem Widerspruch zu sog. Wechselverkehrszeichen und mobilen Verkehrszeichen. Diesen fehlt die Perpetuierungsfunktion, also das erste Erfordernis des Urkundenbegriffs.[58] Deshalb liegt im Ergebnis keine zusammengesetzte Urkunde vor.[59]

b) Mithin ist eine Strafbarkeit wegen Urkundenfälschung mangels **105**
Vorliegen einen Tatobjekts abzulehnen. Hierdurch muss nicht zwingend eine Strafbarkeitslücke entstehen, da weitere Straftatbestände zu prüfen sind, zu denen ich nun komme:

3. Das Verhalten des S könnte nach § 304 StGB als gemeinschädli- **106**
che Sachbeschädigung strafbar sein.

a) Der objektive Tatbestand der Vorschrift verlangt als taugliches Tatobjekt einen Gegenstand, der dem öffentlichen Nutzen dient. Das ist namentlich dann der Fall, wenn ihm der Zweck, der Allgemeinheit zu nützen (Gemeinwohlfunktion), unmittelbar beigelegt ist.[60]

Bei einem Verkehrsschild ist dies der Fall; es fällt somit unter den Schutzbereich der Norm. Weitere Tatbestandsvoraussetzung ist eine Beschädigung oder ein Zerstören dieses Gegenstandes.[61] Für eine Zerstörung müsste die Gebrauchsfähigkeit des Schildes völlig aufgehoben werden, dies ist hier nicht der Fall.

Zweifelhaft ist, ob die Tathandlung der „Beschädigung" erfüllt ist, da die Folie ohne weitere Substanzverletzung entfernt werden konnte. Vielmehr liegt eine bloße Veränderung des äußeren Erscheinungsbildes vor. Unter einer Beschädigung wird nach herrschender Meinung jedoch auch eine Beeinträchtigung des äußeren Erscheinungsbildes verstanden, wenn durch diese gerade die inhaltliche Aussagekraft unterdrückt wird, mithin die Brauchbarkeit der Sache zu ihrem be-

---

[58] Kritisch zu dieser Argumentation *Dedy*, NZV 1999, 136 (138): „Wenn das OLG Köln dann noch darauf abstellt, man könne der Rechtsnatur nach keinen Unterschied zwischen fest und nicht fest verankerten Verkehrszeichen machen, obwohl es feststellt, den nicht fest verankerten fehle die Perpetuierungsfunktion, so kann man dem nur entgegenhalten, genau das ist es, was lose zusammengefügte Seiten von einer zusammengesetzten Urkunde trennt."

[59] Eine a.A. ist hier allerdings mit entsprechender Argumentation sehr gut vertretbar, s. in diesem Sinne etwa *Dedy*, NZV 1999, 136 ff.

[60] *Lackner/Kühl*, StGB, § 304 Rn. 3; Schönke/Schröder/*Stree/Hecker*, StGB, § 304 Rn. 8. .

[61] *Lackner/Kühl*, StGB, § 304 Rn. 3, § 303 Rn. 3 ff.; Schönke/Schröder/*Stree/Hecker,* StGB, § 304 Rn. 9.

stimmten Zweck beeinträchtigt wird. Es muss daher nicht zwingend zu einer Substanzverletzung kommen.[62]

107 Indem der S die Höchstgeschwindigkeitsangabe von 30 km/h mit einem entsprechenden Tempolimit von 50 km/h überklebte, hat er ein anderes Zeichen angebracht und die inhaltliche Aussagekraft derart verändert, dass eine Beschädigungshandlung zu bejahen ist.[63]

b) S wollte diese Veränderung auch herbeiführen und handelte vorsätzlich. Rechtswidrigkeit und Schuld liegen ebenfalls vor.

c) Somit hat sich S wegen gemeinschädlicher Sachbeschädigung strafbar gemacht.

108 4. Es stellt sich nunmehr die Frage, ob auch eine Strafbarkeit nach § 303 Abs. 1 StGB vorliegt. Sowohl der objektive als auch der subjektive Tatbestand liegen vor, insoweit möchte ich auf die Prüfung des § 304 StGB verweisen. S handelte zudem rechtswidrig und schuldhaft.

Demnach ist lediglich zu prüfen, in welchem Verhältnis § 304 StGB zu § 303 StGB steht.

Bei § 304 StGB handelt es sich nicht um einen qualifizierten Tatbestand. Während § 303 StGB das Eigentum schützt, ist geschütztes Rechtsgut des § 304 StGB das öffentliche Interesse. Aus diesem Grund könnte man annehmen, dass die Delikte in Tateinheit stehen.[64] Allerdings wird auch die Ansicht vertreten, dass § 304 StGB als die speziellere Vorschrift den allgemeineren § 303 StGB verdrängt.[65] Vorliegend beschädigt S einen Gegenstand, der im Eigentum der öffentlichen Hand steht. Insofern ist in diesem Fall § 304 StGB als der speziellere Tatbestand anzusehen. Denn eine Idealkonkurrenz ist nur in Fällen gerechtfertigt, in denen die Schutzgüter auseinander fallen, die öffentliche Hand also gerade nicht Eigentümer ist. Somit komme ich zu dem Zwischenergebnis, dass S nach § 304 StGB strafbar ist.

109 5. Darüber hinaus könnte sich S nach § 145 Abs. 2 StGB strafbar gemacht haben. Die Vorschrift enthält jedoch eine Subsidiaritätsklausel, die hier zur Anwendung kommt. S ist bereits wegen gemeinschädlicher Sachbeschädigung strafbar. § 145 Abs. 2 StGB entfällt somit.

---

[62] *Wessels/Hillenkamp*, BT/2, Rn. 23 ff.

[63] *OLG Köln*, NJW 1999, 1042 (1044); *Baier*, JuS 2004, 54 (59 f.); *Wessels/Hillenkamp*, BT/2, Rn. 34 f.

[64] So bspw. Schönke/Schröder/*Stree*, StGB, § 304 Rn. 13: Idealkonkurrenz.

[65] S. z.B. *Lackner/Kühl*, StGB, § 304 Rn. 7, *Fischer*, StGB, § 304 Rn. 17.

6. S beabsichtigte mit seinem Handeln, das ihm drohende Bußgeld 110
wegen einer Ordnungswidrigkeit abzuwenden. Deshalb kommt auch eine Bestrafung wegen Betruges in Betracht. Sein Verhalten fiel allerdings den Behörden frühzeitig auf, die Folie wurde wieder entfernt. Es ist somit zu prüfen, ob er wegen versuchten Betrugs gemäß § 263 Abs. 1, Abs. 2, 22, 23, 12 StGB strafbar ist.

a) Die Folie wurde bereits nach einer Woche entfernt, bevor S geltend machen konnte, dass die Höchstgeschwindigkeit lediglich auf 50 km/h und nicht auf 30 km/h beschränkt war. Die Tat ist somit nicht vollendet. Der Versuch ist nach § 263 Abs. 2 strafbar.

b) S müsste ferner Vorsatz bezüglich aller objektiven Tatbestands- 111
merkmale des Betruges gehabt haben.

Der Betrugstatbestand setzt objektiv eine Täuschung voraus. Hierunter versteht man jede beliebige Handlung, mit der auf die Vorstellung eines anderen eingewirkt werden soll mit dem Ziel der Irreführung über Tatsachen.[66] S überklebte das Verkehrszeichen, um über die erlaubte Höchstgeschwindigkeit zu täuschen und sich damit im Bußgeldverfahren zu verteidigen. Nach der Vorstellung des S sollte hierdurch gerade der Irrtum bei der Bußgeldbehörde oder dem Gericht hervorgerufen werden, dass die zulässige Höchstgeschwindigkeit nicht auf 30 km/h beschränkt war und er eine völlig geringfügige und unerhebliche Geschwindigkeitsübertretung begangen hat.

Aufgrund dieses Irrtums sollte die Bußgeldforderung entfallen. S 112
beabsichtigte also, die staatlichen Instanzen dazu zu bringen, von einer eigentlich berechtigten Geldbuße abzusehen und somit eine Vermögensverfügung vorzunehmen. Voraussetzung dafür ist jedoch, dass die Geldbuße zu dem von § 263 StGB geschützten Vermögen zählt. Hierunter fällt grundsätzlich die Gesamtheit der geldwerten Güter einer natürlichen oder juristischen Person. Prinzipiell ist auch das Staatsvermögen geschützt. Die Geldbuße im Ordnungswidrigkeitenverfahren dient jedoch ebenso wie beispielsweise die Geldstrafe bei einer Straftat als Sanktionsmaßnahme. Hier steht die Ahndungsfunktion im Vordergrund. Der Anspruch auf ihre Begleichung ist damit nicht als Bestandteil des geschützten Vermögens anzusehen.[67] Mithin ist S nicht wegen eines versuchten Betrugs strafbar.

7. Zum Schluss ist auf die Möglichkeit einer Strafbarkeit nach § 258 113
Abs. 1 StGB wegen Strafvereitlung einzugehen. § 258 Abs. 1 StGB setzt jedoch als Vortat die rechtswidrige Tat eines anderen voraus. Da es hier

---

[66] *Wessels/Hillenkamp*, BT/2, Rn. 490 ff.

[67] S. nur *OLG Köln* NJW 2002, 527 (528 m.w.N.); Schönke/Schröder/*Cramer*, StGB, § 263 Rn. 78a.

ausschließlich um ein Verhalten des S geht, scheidet eine Strafvereitelung aus.

8. S ist daher im Ergebnis (nur) wegen gemeinschädlicher Sachbeschädigung strafbar.

Ich danke Ihnen für Ihre Aufmerksamkeit!

C. Literatur zur Vertiefung

Dobrosz/Onimus, Examensklausur: Der geschäftstüchtige Kunststudent, ZJS 2017, 689 ff.; *Lickleder*, Urkunden im Straßenverkehr (und anderswo) – Wer erklärt eigentlich was rechtsverbindlich?, JA 2014, 110 ff.; *Baier*, Urkundsdelikte, Sachbeschädigung und Betrug, JuS 2004, 54 ff.; *Kucera*, Zur Urkundsqualität von Verkehrszeichen, JuS 2000, 208; *Jahn*, JA 1999, 98 ff.; *Dedy*, NZV 1999, 136 ff.; *Martin*, JuS 1999, 611 ff. (alles Besprechungen der Entscheidung des OLG Köln); *Vogel*, Die erfolgreiche „Rückholaktion“, Jura 1996, 265 ff.; *Freund*, Grundfälle zu den Urkundendelikten, JuS 1993, 1016 ff.; *Geppert*, Zum Verhältnis der Urkundendelikte untereinander, insbesondere zur Abgrenzung von Urkundenfälschung und Urkundenunterdrückung (§§ 267 und 174 Abs. 1 Nr. 1 StGB), Jura 1988, 158 ff.

Aufgabe 3: Beim Juwelier

A. Aufgabenstellung

1. Ausgangsfall: T beschließt, ein Geschäft auszurauben. Er begibt sich mit der ungefährlichen Nachbildung einer Pistole, die einer echten Pistole täuschend ähnlich sieht, in ein Juweliergeschäft. Mit vorgehaltener Waffe nähert er sich, während die Angestellten des Geschäfts mit erhobenen Händen und voller Angst hinter einem Tresen stehen, einer geöffneten Vitrine und entnimmt den dort liegenden Schmuck. Er verlässt mit der Beute das Geschäft. **114**

2. Abwandlung: Wie oben, jedoch übergibt der Verkäufer V den Schmuck an T aus der geöffneten Vitrine, weil er hofft, dass T dann schneller das Geschäft verlassen wird.

Prüfen Sie in beiden Fällen die Strafbarkeit des T!

Bearbeitungshinweis: Straftatbestände nach dem Waffengesetz sowie die §§ 123, 240 und 241 StGB sind nicht zu prüfen.

B. Lösungshinweise

I. Vortragsgliederung

1. Ausgangsfall
   a) Schwerer Raub, §§ 249 Abs. 1, 250 Abs. 1 Nr. 1b StGB
      aa) Tatbestand des § 249 StGB
         (1) Objektiver Tatbestand
         (2) Subjektiver Tatbestand
      bb) Qualifizierende Tatbestandsmerkmale des § 250 StGB
         (1) § 250 Abs. 2 Nr. 1 StGB, Waffe oder gefährliches Werkzeug
         (2) § 250 Abs. 1 Nr. 1a StGB
         (3) § 250 Abs. 1 Nr. 1b StGB
            (a) Objektiver Tatbestand, Scheinwaffenproblematik
            (b) Subjektiver Tatbestand
      cc) Rechtswidrigkeit und Schuld
      dd) Ergebnis
   b) Schwere räuberische Erpressung, §§ 253, 255, 250 Abs. 1 Nr. 1b StGB
      aa) Objektiver Tatbestand
      bb) Ergebnis

2. Abwandlung
   a) Schwerer Raub, §§ 249 Abs. 1, 250 StGB
      aa) Objektiver Tatbestand des § 249 Abs. 1 StGB
      bb) Subjektiver Tatbestand des Raubes, Voraussetzungen des § 250 Abs. 1 Nr. 1b StGB
      cc) Rechtswidrigkeit und Schuld
   b) Ergebnis

II. Vortragsvorschlag

115 Sehr geehrte Damen und Herren,

mein Vortrag gliedert sich in zwei Teile, einen Ausgangsfall und einer Abwandlung. Ich beschäftige mich zunächst mit dem Ausgangsfall und prüfe die Strafbarkeit des T. Dieser hat sich mit einer nachgebildeten, an sich ungefährlichen Pistole in ein Juweliergeschäft begeben, den Anwesenden die angebliche Waffe vorgehalten und aus einer Vitrine Schmuckstücke an sich genommen.

1. a) T könnte sich wegen eines schweren Raubes gemäß §§ 249 **116**
Abs. 1, 250 Abs. 1 Nr. 1b StGB strafbar gemacht haben.

aa) (1) Dafür müssten zunächst die Voraussetzungen des objektiven Tatbestandes des Raubes vorliegen. Dieser verlangt die Wegnahme einer fremden Sache unter Einsatz eines qualifizierenden Nötigungsmittels.

Bei dem Schmuck handelte es sich für T um fremde bewegliche Sachen. Diese müsste er weggenommen haben. Unter Wegnahme versteht man den Bruch fremden und die Begründung neuen, nicht notwendigerweise tätereigenen Gewahrsams. T nahm den Schmuck an sich und verließ das Geschäft. Somit liegt eine Wegnahme vor.

Diese Wegnahme müsste unter Einsatz eines qualifizierten Nöti- **117**
gungsmittels erfolgt sein. Hier kommt eine Drohung mit einer gegenwärtigen Gefahr für Leib oder Leben in Betracht.

Unter einer Drohung versteht man das Inaussichtstellen eines künftigen Übels, auf dessen Eintritt der Drohende Einfluss hat oder zu haben vorgibt.[68]

Mit „Gefahr für Leib oder Leben" wird gedroht, wenn der Täter nicht unerhebliche Beeinträchtigungen der körperlichen Integrität in Aussicht stellt. Eine Gefahr ist gegenwärtig, wenn bei natürlicher Weiterentwicklung der Eintritt eines Schadens ernstlich zu befürchten ist, falls nicht alsbald Abwehrmaßnahmen getroffen werden.[69]

Vorliegend hat T das Juweliergeschäft mit einer vorgehaltenen, **118**
nachgebildeten Pistole betreten. Aufgrund dieses Verhaltens mussten die Angestellten mit dem Einsatz einer Schusswaffe und somit mit einer erheblichen eigenen Gefährdung rechnen. Das Verhalten des T stellt für das Verkaufspersonal somit eine Drohung mit einer gegenwärtigen Gefahr für ihr Leben dar.

Dem könnte entgegenstehen, dass T nur eine Nachbildung und keine echte Pistole bei sich hatte. Die von ihm verwendete Attrappe war objektiv ungefährlich und eine Verwirklichung der Drohung somit nicht möglich. Für die Drohung ist es jedoch unerheblich, ob diese tatsächlich verwirklicht werden soll oder kann. Der Täter muss nur wollen, dass das Opfer die Realisierung für möglich hält.[70] Aufgrund

---

[68] Dazu nur *Wessels/Hillenkamp*, BT/2, Rn. 353; *Wessels/Hettinger/Engländer*, BT/1, Rn. 452 ff.

[69] Schönke/Schröder/*Perron*, StGB, § 34 Rn. 12, 17; *Lackner/Kühl*, StGB, § 34 Rn. 2, § 249 Rn. 3.

[70] Schönke/Schröder/*Eser/Bosch*, StGB, § 249 Rn. 5; Schönke/Schröder/*Eisele/Eser*, StGB, Vorb. §§ 234 bis 241a Rn. 33; *Lackner/Kühl*, StGB, § 240 Rn. 12.

der Gesamtsituation hielten die Angestellten die Waffe für echt. Auf Seiten der Opfer wurde ein Gefühl der Ernstlichkeit der Lage sowie der Realisierbarkeit der Gefahr ausgelöst. Obgleich T keine echte Schusswaffe mit sich führte, hat er daher mit einer gegenwärtigen Gefahr für Leib oder Leben gedroht.

119 (2) Ich komme nunmehr zum subjektiven Tatbestand des Grunddelikts.

Dieser setzt voraus, dass T mit Tatvorsatz hinsichtlich der objektiven Tatbestandsmerkmale handelte und nach seiner Ansicht der Einsatz des qualifizierten Nötigungsmittels Mittel zur Wegnahme war. Diese zuletzt genannte Voraussetzung bezeichnet man als Finalzusammenhang. T handelte mit Tatvorsatz. Nach seiner Vorstellung diente die Drohung dem Gewahrsamsbruch. Hinsichtlich des Schmucks handelte T zudem in der Absicht, sich diesen rechtswidrig zuzueignen.[71] Der subjektive Tatbestand liegt somit vor.

120 bb) Die Tat könnte nach § 250 StGB als schwerer Raub qualifiziert sein.

(1) § 250 Abs. 2 Nr. 1 StGB setzt voraus, dass der Täter bei der Tat eine Waffe oder ein anderes gefährliches Werkzeug verwendet. Die Nachbildung einer Pistole ist keine Waffe im Sinne der Vorschrift, weil hierunter nur objektiv gefährliche, der Zufügung von Verletzungen dienende Gegenstände fallen.[72] Ähnlich versteht man auch unter einem „gefährlichen Werkzeug" nur solche Gegenstände, die nach ihrer Art und ihrer Verwendung im Einzelfall geeignet sind, erhebliche Verletzungen zu verursachen. Diese Voraussetzungen sind im vorliegenden Fall ebenfalls nicht erfüllt.

(2) Auf Basis dieser Ausführungen entfällt folglich ersichtlich der Tatbestand des § 250 Abs. 1 Nr. 1a StGB. Denn dieser verlangt das „Beisichführen" einer Waffe oder eines gefährlichen Werkzeugs. Die bloße Nachbildung einer Pistole ist aber wie gezeigt gerade weder Waffe noch gefährliches Werkzeug im Sinne dieser Vorschrift.[73]

121 (3) T könnte jedoch den Tatbestand des § 250 Abs. 1 Nr. 1b StGB erfüllt haben. Hierfür genügt es, wenn er „sonst ein Werkzeug oder

---

[71] Das könnte man auch näher ausführen, s. dazu etwa oben Rn. 85.

[72] Schönke/Schröder/*Eser/Bosch*, StGB, § 244 Rn. 3; *Wessels/Hillenkamp*, BT/2, Rn. 265 ff. , 272 ff., 369.

[73] An dieser Stelle ist nicht auf die Problematik einzugehen, dass im Rahmen des § 250 StGB zwei unterschiedliche Begriffe des gefährlichen Werkzeugs bestehen. Hierauf kommt es für den vorliegenden Sachverhalt nicht an.

Mittel bei sich führte, um den Widerstand einer anderen Person zu verhindern oder zu überwinden".

(a) Erfasst sind damit grundsätzlich beliebige Gegenstände, ohne dass diese objektiv gefährlich sein müssen. Entscheidend ist allein der konkrete Verwendungszusammenhang. Dementsprechend fallen hierunter auch Gegenstände des täglichen Gebrauchs, beispielsweise ein Paketklebeband, wenn es zum Fesseln dient.[74]

Vorliegend geht es jedoch um eine nachgebildete Schusswaffe, von **122**
der objektiv betrachtet überhaupt keine Gefahr ausgehen konnte. Es stellt sich damit die Frage, ob § 250 Abs. 1 Nr. 1b StGB auch derartige sog. Scheinwaffen erfasst, Diese Frage war hinsichtlich der früheren Fassung des § 250 Abs. 1 Nr. 2 StGB heftig umstritten:

Während die überwiegende Meinung im Schrifttum eine objektive Gefährlichkeit des Tatmittels verlangte, ließ die Rechtsprechung es für die Anwendbarkeit des Tatbestandes genügen, dass es auf der Opferseite aufgrund des nur scheinbar gefährlichen Gegenstandes zu einer Bedrohungs- oder Einschüchterungswirkung kam.

Der Gesetzgeber hat sich bei der Neufassung des § 250 StGB dem Standpunkt der Rechtsprechung angeschlossen. Folglich wird auch die sog. Scheinwaffe von § 250 Abs. 1 Nr. 1b StGB erfasst.

Diese Sichtweise gilt jedoch nicht uneingeschränkt. Es werden sol- **123**
che Gegenstände ausgenommen, die aufgrund ihres objektiven Erscheinungsbildes für das Opfer ungefährlich erscheinen und die Bedrohungswirkung, erst durch zusätzliche Erklärungen entsteht.[75] Die hier von T verwendete Scheinwaffe sah indes für die Angestellten des Juweliers wie eine echte, einsatzbereite Waffe aus, ohne dass es weiterer Erklärungen bedurfte. Die Einschränkung findet vorliegend somit keine Anwendung, so dass der objektive Tatbestand des § 250 Abs. 1 Nr. 1b erfüllt ist.

(b) Ich komme nunmehr zum subjektiven Tatbestand der Qualifika- **124**
tion. T wollte mit dem Einsatz der nachgebildeten Pistole erreichen, dass die Angestellten ihn gewähren lassen. Er handelte somit vorsätzlich.

cc) Rechtswidrigkeit und Schuld liegen ebenfalls vor.

dd) T ist damit wegen eines schweren Raubes strafbar.

---

[74] *BGH* NStZ 2007, 332 ff.; Schönke/Schröder/*Eser/Bosch*, StGB, § 250 Rn. 15, § 244 Rn. 12; *Wessels/Hillenkamp*, BT/2, Rn. 372 ff.

[75] *BGH* NStZ 1997, 184 ff. – Labellofall, *Lackner/Kühl*, StGB, § 250 Rn. 2.

125 b) Weiterhin könnte T sich auch wegen einer schweren räuberischen Erpressung nach §§ 253, 255, 250 Abs. 1 Nr. 1b StGB strafbar gemacht hat.

aa) Um den objektiven Tatbestand der räuberischen Erpressung zu erfüllen, müsste T zunächst unter dem Einsatz eines qualifizierten Nötigungsmittels eine andere Person zu einem Handeln, Dulden oder Unterlassen genötigt haben. T hat – wie bereits im Tatbestand des Raubes dargestellt – mit einer gegenwärtigen Gefahr für Leib oder Leben gedroht.

Der Nötigungserfolg – die Erlangung des Schmucks – ist ebenfalls eingetreten. Die Angestellten des Geschäfts haben aufgrund der vorgehaltenen Scheinwaffe den T gewähren lassen.

Es bestehen jedoch Zweifel, ob in der erzwungenen Duldung der Wegnahme eine für den Tatbestand der räuberischen Erpressung ausreichende Opferreaktion liegt.

126 Die herrschende Lehre fordert für den objektiven Tatbestand der Erpressung, dass sich die Opferreaktion als Vermögensverfügung darstellt.[76]

Dieser Auffassung zufolge stehen die Tatbestände des Raubes und der Erpressung in einem Exklusivitätsverhältnis zueinander. Ausgehend von der Annahme, dass es sich bei der Wegnahme im Sinne des § 249 StGB um einen Fall der unmittelbaren Fremdschädigung handelt, während der Tatbestand der Erpressung einen Vermögensverfügung des Opfers in Form einer unmittelbaren Selbstschädigung erfordert, sind die beiden Tatbestände nach dieser Ansicht zwingend voneinander abzugrenzen.

Die Abgrenzung zwischen Wegnahme und Vermögensverfügung erfolgt wie die Abgrenzung zwischen § 242 und § 263 StGB nach der inneren Willensrichtung des Genötigten. Es ist daher zu fragen, ob der Genötigte den Gewahrsamsverlust als von seinem eigenen Verhalten abhängig ansieht, oder ob es aus seiner Sicht in der konkreten Situation gleichgültig ist, wie er sich verhält, da ein Gewahrsamsverlust unabhängig von seiner Mitwirkung möglich ist. Im letzteren Fall liegt nach Ansicht der herrschenden Lehre eine Wegnahme und keine Vermögensverfügung vor.[77]

127 Wendet man diese Auffassung nun auf die vorliegende Fallkonstellation an, wird man eine Wegnahmehandlung bejahen müssen. Denn vorlie-

---

[76] S. z.B. Schönke/Schröder/*Eser/Bosch*, StGB, § 253 Rn. 8 f.; *Lackner/Kühl*, StGB, § 253 Rn. 3; *Wessels/Hillenkamp*, BT/2, Rn. 709 ff.

[77] Schönke/Schröder/*Eser/Bosch*, StGB, § 253 Rn. 8 f.; *Lackner/Kühl*, StGB, § 253 Rn. 3, jeweils m.w.N.

gend war die Schmuckvitrine geöffnet, es bedurfte auch aus Sicht des Verkaufpersonals keinerlei Mitwirkung, um das Gelingen der Tat zu ermöglichen. Eine Strafbarkeit wegen räuberischer Erpressung ist damit ausgeschlossen.

Demgegenüber stehen nach der Rechtsprechung die beiden Tatbe- **128**
stände in einem Spezialitätsverhältnis; erst auf der Konkurrenzebene ist dann der Raub das speziellere Delikt. Zudem genügt nach der Rechtsprechung im Rahmen des objektiven Tatbestandes der Erpressung jedes Dulden, Handeln oder Unterlassen als tatbestandsmäßige Opferreaktion, eine Vermögensverfügung wie nach der Literatur wird nicht gefordert.[78]

Damit umfasst der Tatbestand der Erpressung sowohl die erzwungene Vornahme einer Selbstschädigung als auch die erzwungene Duldung einer Fremdschädigung. Die entscheidende Abgrenzung erfolgt erst auf Konkurrenzebene anhand des äußeren Erscheinungsbildes des Geschehens. Demnach ist der Raub lex specialis, wenn nach dem äußeren Erscheinungsbild ein „Nehmen" vorliegt. Stellt sich das Geschehen als ein „Geben" dar, ist räuberische Erpressung gegeben.[79]

Im vorliegenden Fall ist aufgrund des äußeren Erscheinungsbildes – T **129**
nimmt sich den Schmuck aus der Vitrine – auch nach der Rechtsprechung eine Wegnahme anzunehmen, so dass auf Konkurrenzebene die §§ 250, 255 StGB durch den Raub als spezielleres Delikt verdrängt werden.

bb) Damit kommen beide Ansichten zu dem Ergebnis, dass T nicht wegen einer schweren räuberischen Erpressung strafbar ist.

2. Es fragt sich aber, ob dieser Gleichlauf auch in der Fallabwand- **130**
lung besteht. Anders als im Ausgangsfall übergibt hier der Verkäufer V dem T den Schmuck aus der geöffneten Vitrine.

a) Wiederum ist zunächst eine Strafbarkeit wegen schweren Raubes gemäß §§ 249 Abs. 1, 250 StGB zu prüfen.

aa) Im Rahmen der Prüfung des objektiven Tatbestandes des § 249 Abs. 1 StGB kann ich hinsichtlich des Tatobjekts und des Nötigungsmittels auf meine soeben im Rahmen des Ausgangsfalls gemachten Ausführungen verweisen. Im Ausgangsfall habe ich aber zudem die Tathandlung, die Wegnahme des Schmucks, bejaht. Es stellt sich hier die Frage, ob dieses Ergebnis auch in der Abwandlung bestehen bleibt,

---

[78] BGHSt 14, 386 (390); *BGH* NStZ-RR 1998, 235 f.; dem folgend z.B. *Krey/Hellmann/Heinrich*, BT/2, Rn. 426 ff.

[79] BGHSt 7, 252 (254); 37, 256 (257).

obwohl dort T der Schmuck von einem Angestellten übergeben wurde. Aufgrund des bereits dargestellten Meinungsstreits zur Abgrenzung von Raub und räuberischer Erpressung ist hier zu fragen, ob das Schrifttum und die Rechtsprechung bei diesem Sachverhalt zu unterschiedlichen Ergebnissen kommen.

131 Nach der Auffassung der herrschenden Lehre hängt das Vorliegen einer Wegnahme davon ab, ob das Nötigungsopfer eine Mitwirkungshandlung für erforderlich hält.

In der Fallabwandlung erhält zwar T seine Beute durch V. Der Schmuck befindet sich jedoch in einer geöffneten Vitrine, in die er auch hätte selbst hineinlangen können. Dies hatte auch V erkannt. Nach seiner Sicht war es in dieser Situation gleichgültig, wie er sich verhält, denn T hätte den Schmuck in jedem Fall erlangt. Damit liegt nach der herrschenden Lehre keine Vermögensverfügung, sondern eine Wegnahme vor, so dass die weiteren Voraussetzungen des Raubtatbestandes zu prüfen sind.

132 Die Rechtsprechung differenziert demgegenüber wie bereits dargestellt nach dem äußeren Erscheinungsbild des Geschehens. Vorliegend handelt es sich um einen Fall des „Gebens" und nicht des „Nehmens". Demnach liegt nach dieser Ansicht keine Wegnahme vor; es wäre folglich weiter zu prüfen, ob sich T gemäß §§ 253, 255, 250 StGB strafbar gemacht hat.

Aufgrund der unterschiedlichen Ergebnisse stellt sich die Frage, welcher Ansicht zu folgen ist. Meines Erachtens sind die Argumente derer, die auf den Opferhorizont statt auf das objektive Erscheinungsbild abstellen, überzeugender:[80]

133 Für die Rechtsprechung spricht zwar zunächst der Wortlaut des Gesetzes, da § 253 StGB die Nötigung zu einer „Handlung, Duldung oder Unterlassung" verlangt und somit mit § 240 StGB übereinstimmt. Dies lässt den Schluss zu, dass der Tatbestand des Raubes wie der der Nötigung die vis compulsiva und die vis absoluta erfasst. Eindeutig ist dieser Befund jedoch nicht. Ferner lassen sich auch kriminalpolitische Erwägungen für diese Ansicht anführen, da sie zu einer lückenlosen Erfassung aller in Bereicherungsabsicht gewaltsam herbeigeführter Vermögensschäden führt. Indes ist dies ein zweischneidiges Argument, weil das Strafgesetzbuch zweifellos nicht eine vollständige, lückenlose Pönalisierung zum Ziel hat,

---

[80] Zum Streitstand s. etwa *Hillenkamp*, BT, 33. Problem, S. 170 ff.; *Geppert/Kubitzka*, Jura 1985, 276 ff.; *Krey/Hellmann/Heinrich*, BT/2, Rn. 428 ff.; *Wessels/Hillenkamp*, BT/2, Rn. 710 ff.

sondern gerade auch Bereiche strafrechtlich nicht relevanten Verhaltens negativ ausgrenzt.

Für die herrschende Lehre spricht demgegenüber vor allem die Gesetzesstruktur. Ich möchte zunächst auf die Parallelität der Regelung von §§ 249, 242 StGB einerseits und §§ 253, 263 StGB andererseits hinweisen. Während es sich bei §§ 249, 242 StGB um Fälle der unmittelbaren Fremdschädigung handelt, erfassen §§ 263, 250, 255 StGB Fälle der unmittelbaren Selbstschädigung. Diese dem Gesetz zu entnehmende Struktur spricht für die Auffassung der Lehre. **134**

Neben diesem systematischen Argument ist gegen die Ansicht der Rechtsprechung anzuführen, dass nach ihrem Verständnis – § 249 StGB als lex specialis, § 253 StGB als lex generalis – eine Verweisung des Grunddelikts auf die Spezialnorm (§ 249 StGB) im Hinblick auf die Rechtsfolge stattfindet. Eine solche Verweisung ist dem StGB ansonsten fremd und findet sich an keiner anderen Stelle.

Hinzu kommt, dass § 249 StGB, folgte man der Rechtsprechung, überflüssig würde, da jeder Raub nach §§ 253, 255 StGB bestraft werden könnte und das Strafmaß aufgrund der Verweisung identisch ist. Bei § 249 StGB handelt es sich jedoch um ein klassisches Delikt des StGB, welches bei strenger Orientierung an der Ansicht der Rechtsprechung „in die zweite Reihe" verdrängt würde. **135**

Schließlich unterläuft die Rechtsprechung mit der von ihr vertretenen Ansicht die vom Gesetzgeber gewollte Privilegierung des ohne Zueignungsabsicht Wegnehmenden. Denn die §§ 253, 255 StGB verlangen keine Zueignungsabsicht. Den ohne Zueignungsabsicht aber mit den Mitteln der Wegnahme Handelnden gleichwohl über § 255 StGB wie einen Räuber zu bestrafen, widerspricht daher der Wertung des Gesetzes.

Aufgrund der dargelegten Argumente ist daher meines Erachtens dem Schrifttum der Vorzug zu geben. Dementsprechend liegt hier eine Wegnahme im Sinne des § 249 StGB vor.

bb) Hinsichtlich des subjektiven Tatbestandes des Raubes und den Voraussetzungen des § 250 Abs. 1 Nr. 1b) StGB möchte ich auf meine Ausführungen im Ausgangsfall verweisen. **136**

cc) T handelte auch rechtswidrig und schuldhaft.

b) T hat sich folglich wegen eines schweren Raubes strafbar gemacht.

Vielen Dank für Ihre Aufmerksamkeit!

C. Literatur zur Vertiefung

Jäger, Wenn die Sparkasse zum Selbstbedienungsladen wird, JA 2018, 309 ff.; *Kudlich/Aksoy*, Eins, zwei oder drei? Zum Verhältnis von Raub, räuberischem Diebstahl und räuberischer Erpressung in der Fallbearbeitung, JA 2014, 81 ff.; *Rönnau*, Grundwissen – Strafrecht: Abgrenzung von Raub und räuberischer (Sach-)Erpressung, JuS 2012, 888 ff.; *Kraatz*, Zur sukzessiven Verwirklichung eines Qualifikationstatbestandes, Jura 2009, 852 ff.; *Kretschmer*, Der erfolglose Literat, Jura 2006, 219 ff.; *Helmrich*, Der Zweck heiligt nicht die Mittel, JA 2006, 351 ff.; *Berkl*, Streit unter Brüdern, JA 2006, 276 ff.; *Noak/Sengbusch*, Probleme mit den Pferdestärken, Jura 2005, 494 ff.; *Sternberg-Lieben*, Ein nervöser Bankräuber, JuS 1996, 136 ff.; *Biletzki*, Die Abgrenzung von Raub und Erpressung, Jura 1995, 635 ff.; *Geppert/Kubitzka*, Zur Abgrenzung von Raub (§ 249 StGB) und räuberischer Erpressung (§§ 253 und 255 StGB), Jura 1985, 276 ff.

Aufgabe 4: Auf der Reeperbahn, nachts ...

A. Aufgabenstellung

A ist mit Freunden abends auf der Reeperbahn unterwegs. Sie kaufen in einer der Kneipen Bier in Flaschen und stellen sich damit nach draußen, um zu rauchen. Dabei albern sie auf der Straße herum, bis A von dem Türsteher K zurechtgewiesen wird. A war mit seiner Bierflasche zuvor sehr dicht an dem Porsche des Türstehers vorbeigegangen und hatte sich auch gegen die Motorhaube gelehnt. Die Freunde des A ziehen daraufhin eingeschüchtert weiter. **137**

A hingegen ist wütend auf K und will diesem „eins auswischen". Er nimmt seine mittlerweile leer getrunkene Bierflasche und wirft sie in Richtung des Kopfes des K, der sich in diesem Moment alleine vor der Kneipe aufhält. Dieser bemerkt den Wurf jedoch und tritt noch rechtzeitig zur Seite. Die Bierflasche fliegt deshalb an ihm vorbei und trifft stattdessen die Passantin S, die just in diesem Moment eine benachbarte Kneipe verlässt. Die Flasche trifft sie am Hinterkopf, ohne dabei zu zerbrechen. S hat einige Tage Kopfschmerzen, bleibt aber sonst unverletzt. K begibt sich daraufhin schnell in die Kneipe, um vor einem möglichen weiteren Angriff des A sicher zu sein.

Prüfen Sie die Strafbarkeit des A!

Bearbeitungshinweis: K und S haben Strafanträge gestellt.

B. Lösungshinweise

I. Vortragsgliederung

1. Vollendete gefährliche Körperverletzung zum Nachteil der S, §§ 223 Abs. 1, 224 Abs. 1 Nr. 2 StGB
   a) Objektiver Tatbestand des § 223 Abs. 1 StGB
   b) Subjektiver Tatbestand des § 223 Abs. 1 StGB
      aa) Aberratio ictus
      bb) Rechtsfolgen
   c) Ergebnis

2. Versuchte gefährliche Körperverletzung zum Nachteil des K, §§ 223, 224 Abs. 1 Nr. 2, 22, 23, 12 StGB
   a) Nichtvollendung, Versuchsstrafbarkeit.
   b) Tatentschluss bzgl. § 223 und § 224 StGB
   c) Unmittelbares Ansetzen
   d) Rechtswidrigkeit und Schuld
   e) Rücktritt vom Versuch?
      aa) Fehlgeschlagener Versuch?
      bb) Subsumtion und Zwischenergebnis

3. Fahrlässige Körperverletzung zum Nachteil der S, § 229 StGB
   a) Tatbestand
   b) Rechtswidrigkeit
   c) Schuld

4. Ergebnis

II. Vortragsvorschlag

138 Sehr geehrte Damen und Herren,

in meinem Vortrag prüfe ich die Strafbarkeit des A. Dieser wollte den K mit einer Bierflasche treffen, K konnte dem Wurfobjekt jedoch ausweichen, und die Flasche traf stattdessen die S.

1. A könnte sich wegen einer gefährlichen Körperverletzung gemäß §§ 223 Abs. 1, 224 Abs. 1 Nr. 2 StGB strafbar gemacht haben, indem er eine Bierflasche warf und die S am Kopf verletzte.

139 a) Der objektive Tatbestand der vorsätzlichen Körperverletzung (§ 223 Abs. 1 StGB) setzt voraus, dass eine andere Person körperlich misshandelt oder an der Gesundheit beschädigt wird. Unter körperlicher

Misshandlung versteht man jede üble, unangemessene Behandlung, durch die das körperliche Wohlbefinden oder die körperliche Unversehrtheit des Tatopfers nicht nur unerheblich beeinträchtigt wird.[81]

S hatte durch den Wurf der Flasche mehrere Tage Kopfschmerzen, so dass ihr körperliches Wohlbefinden beeinträchtigt war. Der Taterfolg, eine Körperverletzung, liegt somit vor.

b) Ferner müsste A auch vorsätzlich im Hinblick auf die Verletzung der S, also mit dem Willen zur Verwirklichung des Straftatbestandes in Kenntnis aller objektiven Tatumstände gehandelt haben. A wollte mit dem Flaschenwurf jedoch überhaupt nicht die S treffen, sondern K. Er hatte die Verletzung der S auch nicht etwa billigend in Kauf genommen, so dass er auch nicht mit dolus eventualis handelte. Es stellt sich damit die Frage, ob diese Abweichung im Tatverlauf den subjektiven Tatbestand der vorsätzlichen Körperverletzung berührt.

aa) Es könnte sich hier um ein Fehlgehen der Tat, eine sog. aberra- **140**
tio ictus, handeln.[82]

Hiervon spricht man bei Sachverhalten, bei denen der Täter seinen Angriff auf ein bestimmtes, von ihm individualisiertes Tatobjekt lenkt, dieser Angriff jedoch fehlgeht und ein anderes Objekt trifft, das er weder anvisiert hatte noch verletzten wollte. Der Verletzungserfolg tritt also an einem anderen Objekt als demjenigen ein, das zum entscheidenden Zeitpunkt der tatbestandlichen Ausführungshandlung vom Vorsatz erfasst war. Der tatsächlich eintretende Verletzungserfolg ist nicht gewollt.

Abzugrenzen ist die aberratio ictus von dem Irrtum über das Tatob- **141**
jekt (error in persona vel objecto). Ein solcher Irrtum über das Tatobjekt ist dann gegeben, wenn sich der Täter über die Identität des Opfers oder über sonstige Eigenschaften des Tatobjekts oder der betreffenden Person irrt, aber dennoch diejenige Person bzw. dasjenige Objekt verletzt, das er im Tatzeitpunkt verletzen wollte. In diesem Fall sind Angriffs- und Verletzungsobjekt identisch.

A wollte vorliegend den K treffen und nicht die S, da er sich über K geärgert hatte und sich rächen wollte. Zum maßgebenden Vorsatzzeitpunkt hatte der A seinen Angriff auf K gelenkt. Angriffs- und Verletzungsobjekt sind damit nicht identisch. Damit liegt kein Fall des error in persona vor, sondern eine aberratio ictus.

---

[81] Statt aller *Wessels/Hettinger/Engländer*, BT/1, Rn. 278; MünchKomm-StGB/*Joecks/Hardtung*, Bd. 3, § 223 Rn. 4.

[82] Zum Folgenden s. z.B. *Krey/Esser*, AT, Rn. 436 ff.; Schönke/Schröder/*Sternberg-Lieben*, StGB, § 15 Rn. 57 f.; *Wessels/Beulke/Satzger*, AT, Rn. 364 ff.

142 bb) Daher komme ich nunmehr zu der Frage, welche Folgen diese Abirrung der Tat auf die Strafbarkeit des A haben könnten.

Unstreitig ist, dass bei Ungleichwertigkeit von Angriffs- und Verletzungsobjekt der Vorsatz bezüglich des getroffenen Objekts entfällt und hinsichtlich der beabsichtigten Tat am Zielobjekt nur Versuch und hinsichtlich der ungewollten Verletzung des Zweitobjekts nur eine Fahrlässigkeitstat in Betracht kommt, deren Strafbarkeit von der Existenz eines entsprechenden Fahrlässigkeitstatbestandes abhängt.[83]

Umstritten ist hingegen der Fall der Abirrung der Tat bei einer tatbestandlichen Gleichwertigkeit der Objekte, wie sie hier vorliegt.[84] A wollte einen Menschen verletzen und hat dies auch getan, auch wenn er letztlich eine andere Person verletzt hat, als es seinem Tatplan entsprach.

143 Die herrschende Meinung kommt auch hier zu einem Vorsatzausschluss im Hinblick auf das getroffene Objekt, und es verbleibt bei der Strafbarkeit wegen Versuchs bezüglich des anvisierten Objekts, gegebenenfalls in Tateinheit mit einem Fahrlässigkeitsdelikt bezüglich des Zweitobjekts.[85]

Die Gegenmeinung, die sog. Gleichwertigkeitstheorie, kommt für den Fall der tatbestandlichen Gleichwertigkeit der Objekte hingegen zu einer Strafbarkeit wegen einer vorsätzlichen Begehungsweise gegenüber dem tatsächlich verletzten Zweitobjekt.[86] Da nach dieser Auffassung eine Strafbarkeit des A wegen vorsätzlicher Körperverletzung zum Nachteil der S möglich ist, wohingegen die herrschende Meinung einen Vorsatzausschluss annimmt, kommen die Meinungen für den vorliegenden Sachverhalt zu unterschiedlichen Ergebnissen. Das macht einen Streitentscheid erforderlich.

144 Dabei spricht für die Gleichwertigkeitstheorie, dass A eine andere Person verletzten wollte und die Körperverletzung eines anderen auch bewirkt hat. Zudem gewährleistet diese Meinung einen umfassenden Schutz tatbestandlich gleichwertiger Objekte. Hinzu kommt, dass auch das Gesetz keine Konkretisierung des Vorsatzes über das abstrakte Tatbestandsmerkmal hinaus erfordert.

145 Gegen diese Auffassung und für die seitens der herrschenden Meinung vertretene Konkretisierungstheorie spricht demgegenüber, dass

---

[83] Schönke/Schröder/*Sternberg-Lieben/Schuster*, StGB, § 15 Rn. 57.

[84] Vgl. umfassend zum Streitstand *Hillenkamp/Cornelius*, AT, 9. Problem, S. 73 ff.; s.a. Schönke/Schröder/*Sternberg-Lieben/Schuster*, StGB, § 15 Rn. 57; *Lackner/Kühl*, StGB, § 15 Rn. 12.

[85] *Wessels/Beulke/Satzger*, AT, Rn. 366 ff.

[86] S. die Nachweise bei *Wessels/Beulke/Satzger*, AT, Rn. 369 f.

der Täter in den Fällen der Abirrung der Tat eine Individualisierung des Tatobjekts vorgenommen hat. Über diese setzt sich die Gleichwertigkeitstheorie hinweg und unterstellt zudem, dass der Täter auch den Willen hat, irgendein beliebiges Objekt der Gattung zu verletzen. Dies ist eine reine Fiktion, die dem Schuldprinzip widerspricht.

Diese Ansicht verkennt mithin, dass A das nur versehentlich getroffene Zweitobjekt, die S, nicht verletzen wollte, weil er ein bestimmtes anderes Objekt als alleiniges Angriffsziel ausgewählt hatte. Im Übrigen braucht auch der Vorsatz nicht zwingend individualisiert zu sein. Es kann grundsätzlich genügen, dass ein Täter ein Tatobjekt nur gattungsmäßig bestimmt. Gerade dieser Umstand verbietet es jedoch, in den Fällen, in denen der Täter einen ganz bestimmten Willen hat und es aufgrund der fehlenden Beherrschung des Geschehens zu einem nicht gewollten Erfolg kommt, ihm einen entsprechenden Gattungsvorsatz zu unterstellen.

Aus diesen Gründen ist der herrschenden Meinung der Vorzug zu geben.

c) Damit entfällt mangels Vorsatzes eine Strafbarkeit des A wegen vorsätzlicher gefährlicher Körperverletzung zulasten der S.

2. Zu prüfen bleibt damit noch die Strafbarkeit des A wegen einer **146**
versuchten gefährlichen Körperverletzung gemäß §§ 223, 224 Abs. 1 Nr. 2, 22, 23, 12 StGB zum Nachteil des K.[87]

a) Ich beginne mit der Vorprüfung zur Versuchsstrafbarkeit. K wurde nicht verletzt, die Tat ist daher nicht vollendet. Der Versuch ist gemäß § 223 Abs. 2 StGB strafbar.

b) Ferner müsste A Tatentschluss besessen haben. Dafür müsste A Vorsatz bezüglich aller objektiven Tatbestandsmerkmale der Körperverletzung gehabt haben. A wollte den K mit der Bierflasche verletzen, er handelte somit mit dem erforderlichen Tatentschluss.

Fraglich ist, ob A auch Tatentschluss zu einer gefährlichen Körper- **147**
verletzung gemäß § 224 Abs. 1 Nr. 2 StGB hatte. Dann müsste er Vorsatz bezüglich der Verletzung des K mittels eines gefährlichen Werkzeugs gehabt haben. Die in Richtung Kopf geworfene Bierflasche könnte ein gefährliches Werkzeug im Sinne der genannten Vorschrift darstellen.

Prinzipiell ist eine Bierflasche natürlich kein gefährliches Werkzeug. Im Sinne des § 224 versteht man jedoch unter einem gefährli-

[87] Für einen Tötungsvorsatz ist nichts ersichtlich, eine Prüfung eines versuchten Totschlags ist daher eher abwegig.

chen Werkzeug jeden Gegenstand, der aufgrund seiner objektiven Beschaffenheit und nach der Art seiner Verwendung in der konkreten Situation geeignet ist, erhebliche Verletzungen herbeizuführen.[88] A beabsichtigte, dem K die Flasche an den Kopf zu werfen. Aufgrund dieser konkreten Art der Verwendung war die Bierflasche somit geeignet, zu einer ernstzunehmenden Verletzung des K zu führen. Der Qualifikationstatbestand ist somit erfüllt.

148 c) Der objektive Tatbestand des Versuchs verlangt ein unmittelbares Ansetzen zur Tat.

A hat hier bereits mit dem Wurf der Flasche nach seiner Vorstellung eine Ursachenreihe in Gang gesetzt, die nach seiner Vorstellung vom Tatablauf ohne weitere Zäsur und wesentliche Zwischenakte in die eigentliche Tatbestandshandlung – die Verletzung des K – einmünden sollte. Somit liegt auch der objektive Tatbestand des Versuchs vor.

d) A handelte auch rechtswidrig und schuldhaft.

149 e) Nachdem die Flasche ihr eigentliches Ziel verfehlt hatte, hat A jedoch keinen neuen Versuch unternommen, den K zu verletzen. Es ist daher zu prüfen, ob A möglicherweise strafbefreiend vom Versuch der gefährlichen Körperverletzung nach § 24 StGB zurückgetreten ist.

aa) Vom Anwendungsbereich des § 24 StGB wird allerdings der sog. fehlgeschlagene Versuch nicht erfasst. Liegt ein solcher vor, ist ein Rücktritt ausgeschlossen, § 24 StGB ist nicht anwendbar. Grund hierfür ist Sinn und Zweck des Rücktrittsprivilegs. Der persönliche Strafaufhebungsgrund des Rücktritts dient dazu, dem Täter aus Gründen des Opferschutzes eine „goldene Brücke" zurück in die Legalität zu bauen.[89] Hinzu kommt, dass sich der Täter bei einem Rücktritt als minder gefährlich gezeigt hat und sein Verhalten eine honorierfähige Umkehrleistung in Form einer inneren Umkehr des Täters darstellt.[90]

150 Ein fehlgeschlagener Versuch kann in drei Konstellationen vorliegen:[91]

Erstens wenn der tatbestandliche Erfolg objektiv nicht mehr eintreten kann und der Täter dies auch erkannt hat.

---

[88] S. nur MünchKomm-StGB/*Hardtung*, Bd. 3, § 224 Rn. 20; *Wessels/Hettinger/Engländer*, BT/1, Rn. 299.

[89] Schönke/Schröder/*Eser/Bosch*, StGB, § 24 Rn. 2; *Lackner/Kühl*, StGB, § 24 Rn. 2.

[90] Vgl. *Krey/Esser*, AT, Rn. 1260.

[91] Hierzu etwa *Krey/Esser*, AT, Rn. 1271 ff.; *Wessels/Beulke/Satzger*, AT, Rn. 872 ff.

Zweitens wenn eine Vollendung (nur) nach der Tätervorstellung nicht mehr möglich ist. Die Tat könnte hier zwar objektiv noch vollendet werden, der Täter hat dies jedoch irrig nicht erkannt.

Die dritte Konstellation betrifft die Fälle der Sinnlosigkeit des Weiterhandelns, in denen die Tat zwar vollendet werden könnte und der Täter dies auch erkannt hat, jedoch das von ihm verfolgte Ziel seiner Tat nicht mehr zu realisieren vermag. Hierunter fallen beispielsweise Sachverhalte, in denen ein Attentäter eine bestimmte Person töten möchte, das Gewehr anlegt und beim Herantraten der Person erkannt, dass es sich um eine andere handelt, deren Tötung völlig sinnlos wäre.[92]

bb) Vorliegend hatte A keine weitere Flasche zur Verfügung und K hatte bereits Zuflucht in der Kneipe gesucht. Damit hatte er sich dem Zugriff durch A entzogen, und A war dies auch bewusst. Er konnte daher die Tat nicht mehr vollenden.

Es liegt mithin ein fehlgeschlagener Versuch vor, bei dem ein strafbefreiender Rücktritt ausgeschlossen ist.

3. A könnte weiter wegen einer fahrlässigen Körperverletzung zum Nachteil der S nach § 229 StGB zu bestrafen sein. **151**

a) Der Tatbestand der fahrlässigen Körperverletzung erfordert zunächst den Eintritt des tatbestandlichen Erfolges durch eine Handlung des Täters. Der Erfolg – die Körperverletzung zum Nachteil der S durch den Wurf des A – liegt hier vor. Im Anschluss hieran ist zu prüfen, ob A die Sorgfalt außer Acht gelassen hat, zu der er nach den Umständen verpflichtet war, ob also ein Verhaltensfehler des A vorliegt. Der Wurf mit einer Bierflasche gefährdet in einer Situation, in der mit dem Hinzukommen weiterer Personen zu rechnen ist – wie in einem belebten Stadtviertel –, auch diese. Ein besonnener und gewissenhafter Mensch hätte dies in der Lage auch erkannt und die gefährdende Handlung unterlassen. Die unbeabsichtigte Verletzung der S war zudem objektiv vorhersehbar und ist dem A auch objektiv zurechenbar.[93]

b) A handelte auch rechtswidrig.

c) Im Rahmen der Schuld ist zu prüfen, ob der Täter nach seinen persönlichen Fähigkeiten und dem Maß seines individuellen Könnens **152**

---

[92] Vgl. Schönke/Schröder/*Eser/Bosch*, StGB § 24 Rn. 11.

[93] Dazu näher Schönke/Schröder/*Sternberg-Lieben/Schuster*, StGB, § 15 Rn. 125 f.; *Lackner/Kühl*, StGB, § 15 Rn. 36.

imstande war, die objektive Sorgfaltspflicht zu erkennen und sich entsprechend zu verhalten.

Hier liegen keine Umstände vor, die zu einer Verneinung dieser Voraussetzung bei A führen. Schließlich müssten der wesentliche Kausalverlauf sowie der tatbestandliche Erfolg subjektiv für A vorhersehbar sein. Auch diesbezüglich liegen hier keine Anhaltspunkte vor, die zu einem Ausschluss der subjektiven Vorhersehbarkeit führen.

4. A ist somit wegen fahrlässiger Körperverletzung zum Nachteil der S strafbar. Dieser Tatbestand steht in Tateinheit zu der versuchten gefährlichen Körperverletzung zum Nachteil des K.

Ich bedanke mich für Ihre Aufmerksamkeit.

C. Literatur zur Vertiefung

Eisele, Strafrecht AT: Zeitpunkt des Rücktritts, JuS 2018, 818 ff.; *ders.*, Strafrecht AT: Rücktritt durch einvernehmliche Tataufgabe, JuS 2018, 81 f.; *Hecker*, Strafrecht AT: Freiwilligkeit des Rücktritts, JuS 2018, 391 ff.; *ders.*, Strafrecht AT: Abgrenzung zwischen unbeendetem und beendetem Versuch bei Vorsatzwechsel, JuS 2017, 696 ff.; *Bock*, Versuch und Rücktritt, JuS 2006, 603 ff.; *Lubig*, Die Auswirkungen von Personenverwechslungen auf übrige Tatbeteiligte – Zur Abgrenzung von Motiv- und Tatbestandsirrtümern, Jura 2006, 655 ff.; *Kress/Weisser*, Der nachlässige Brandstifter, JA 2006, 115 ff.; *Ambos*, Das fehlgeschlagene Attentat, Jura 2004, 492 ff.; *Guhra/Sommerfeld*, Rücktritt vom vollendeten Delikt?, JA 2003, 775 ff.; *Kühl*, Das erfolgsqualifizierte Delikt (Teil I) – Das vollendete erfolgsqualifizierte Delikt, Jura 2002, 810 ff.; (Teil II) – Versuch des erfolgsqualifizierten Delikts und Rücktritt, Jura 2003, 19 ff.; *Petersen*, Typische Subsumtionsfehler in (straf)-rechtlichen Gutachten, Jura 2002, 105 ff.; *Kudlich*, Grundfälle zum Rücktritt vom Versuch, JuS 1999, 240 ff., 349 ff., 449 ff.; *Geppert*, Zum „error in persona vel objecto" und zur „aberratio ictus", Jura 1992, 163 ff.

Aufgabe 5: Ein guter Freund

A. Aufgabenstellung

1. Studentin S geht am Abend nach einem Seminar allein in Richtung U-Bahnstation, um nach Hause zu fahren. Hierzu muss sie durch einen Grüngürtel gehen, der ohne Beleuchtung und in den Abendstunden zumeist menschenleer ist. Plötzlich tritt eine männliche Gestalt hinter einer Hecke hervor und stellt sich direkt vor sie auf den Weg. Er hält ein Messer in der Hand und verlangt die Herausgabe aller Wertgegenstände. S, die aufgrund ihrer Ängstlichkeit seit zwei Jahren Kampfsport betreibt, versetzt der Gestalt einen gezielten Tritt in den Brustbereich. Hierdurch geht ihr Gegner zu Boden, wo er zunächst nach Luft ringend liegen bleibt. In diesem Augenblick erkennt S, dass es sich bei dem vermeintlichen Räuber um ihren guten Bekannten B handelt, der sich einen ziemlich schlechten Scherz mit ihr erlauben wollte. S hält ihr Handeln für erlaubt. **153**

Hat sich S wegen einer vorsätzlichen Körperverletzung strafbar gemacht?

Bearbeitungshinweis: Strafanträge sind soweit erforderlich gestellt.

2. Nennen Sie Konstellationen, in denen man den Theorienstreit aus dem Ausgangsfall nicht offen lassen kann!

B. Lösungshinweise

I. Vortragsgliederung

1. Ausgangsfall
    - a) Sachverhalt
    - b) Körperverletzung, § 223 Abs. 1 StGB
        - aa) Objektiver Tatbestand
        - bb) Subjektiver Tatbestand
        - cc) Rechtswidrigkeit
        - dd) Schuld
            - (1) Vorliegen eines Erlaubnistatbestandsirrtums
            - (2) Rechtsfolgen
    - c) Ergebnis
2. Zusatzfrage
    - a) Irrtum für den Täter vermeidbar
    - b) Strafbarkeit eines bösgläubigen Teilnehmers

II. Vortragsvorschlag

154 Sehr geehrte Damen und Herren,

mein Kurzvortrag gliedert sich in zwei Teile.

1. a) Zunächst prüfe ich die Strafbarkeit der S. Diese hat dem B einen Tritt in den Brustkorbbereich versetzt, da sie irrtümlich glaubte, B wolle sie ausrauben. In Wirklichkeit hatte sich B nur einen Scherz erlaubt.

b) S hat B gezielt in den Brustbereich getreten, wodurch dieser Schmerzen und Atemnot erlitt. Sie könnte sich daher wegen vorsätzlicher Körperverletzung nach § 223 Abs. 1 StGB strafbar gemacht haben.

155 aa) § 223 Abs. 1 StGB verlangt als Tathandlung, dass eine Person körperlich misshandelt oder an der Gesundheit beschädigt wird. Unter körperlicher Misshandlung versteht man jede üble, unangemessene Behandlung, die das körperliche Wohlbefinden oder die körperliche Unversehrtheit nicht nur unerheblich beeinträchtigt. Eine Gesundheitsschädigung liegt bei einem Hervorrufen oder Steigern eines wenn auch nur vorübergehenden pathologischen Zustands vor.

Durch den durch S ausgeführten Tritt in den Brustbereich fiel B zu Boden und litt unter Atemschwierigkeiten. Sein körperliches Wohlempfinden war somit nicht nur unerheblich beeinträchtigt, so dass der objektive Tatbestand erfüllt ist.

bb) S müsste zudem vorsätzlich gehandelt haben, wobei bedingter **156**
Vorsatz ausreicht. S wusste, als sie den Tritt ausführte, dass sie dem B Schmerzen zufügen würde, und sie wollte dies auch erreichen. Mithin handelte sie vorsätzlich.

cc) Angesichts der Tatsache, dass S sich gegen einen Angreifer zur Wehr zu setzen meinte, erscheint aber die Rechtswidrigkeit ihres Tuns zweifelhaft. Eine Handlung ist dann rechtswidrig, wenn sie einen gesetzlichen Tatbestand verwirklicht und nicht durch einen Rechtfertigungsgrund gedeckt ist.

S könnte hier durch § 32 StGB gerechtfertigt sein, da sie glaubte, **157**
einem Angriff durch B ausgesetzt zu sein. Sie befürchtete, ausgeraubt zu werden.

Somit ist im Folgenden zu prüfen, ob die Voraussetzungen der Notwehr gemäß § 32 StGB vorliegen. § 32 StGB setzt zunächst das Vorliegen einer Notwehrlage, mithin einen gegenwärtigen, rechtswidrigen Angriff voraus. Hier liegt das Problem des vorliegenden Falles:

Objektiv gab es gerade keinen gegen die S gerichteten Angriff, da es sich um einen Scherz des B handelte. Dieser hatte nicht die Absicht, die S auszurauben. Damit fehlt es bereits an der ersten Voraussetzung des § 32 StGB, dem Vorliegen eines Angriffs, so dass der Rechtfertigungsgrund nicht eingreift. Weitere Rechtfertigungsgründe sind nicht ersichtlich. Die Fehlvorstellung der S ist für den Prüfungspunkt der Rechtswidrigkeit ihrer Handlung unbeachtlich, da sich das Vorliegen einer Notwehrlage allein nach den objektiven Gegebenheiten richtet.

dd) Allerdings könnte sich die Tatsache, dass sich S als Opfer eines **158**
Angriffs wähnte, auf die Schuld auswirken. S hielt ihr Handeln in der konkreten Situation für erlaubt, da sie befürchtete, Opfer eines Raubes zu werden. Ihr fehlte daher das Unrechtsbewusstsein. Insoweit könnte ein Erlaubnistatbestandsirrtum (ETBI) vorliegen. Ein solcher liegt vor, wenn der Täter irrig Umstände für gegeben hält, bei deren wirklichem Vorliegen die Tat gerechtfertigt wäre.[94] Daher ist zunächst zu prüfen, ob ein solcher Irrtum vorliegt, bevor in einem nächsten Schritt auf die Frage einzugehen ist, wie man diesen behandelt.

---

[94] Ausführlich zum Folgenden z.B. *Gropp*, AT, § 13 Rn. 189 ff.; *Hillenkamp/Cornelius*, AT, 10. Problem, S. 81 ff.; *Krey/Esser*, AT, Rn. 731 ff.; *Wessels/Beulke/Satzger*, AT, Rn. 693 ff.

159 (1) Ein ETBI ist nur dann anzunehmen, wenn auf der Grundlage der Tätervorstellung ein Rechtfertigungsgrund gegeben wäre, d.h. wenn S beim tatsächlichen Vorliegen der von ihr irrtümlich angenommenen Umstände gemäß § 32 StGB gerechtfertigt wäre. Verlangt ist also eine hypothetische Prüfung der Notwehrsituation auf Basis der Vorstellung der S. Die Notwehr erfordert das Vorliegen einer Notwehrlage, also eines gegenwärtigen, rechtswidrigen Angriffs. Diesem Angriff muss der Angegriffene mit einer objektiv erforderlichen und normativ gebotenen Notwehrhandlung entgegentreten, die subjektiv vom Verteidigungswillen getragen ist.

> Sie sind nunmehr bei dem entscheidenden Problem des Vortrags angekommen. Halten Sie sich – wie bereits beim Tatbestand des § 223 Abs. 1 StGB – nicht zu lange mit den Definitionen der einzelnen Tatbestandsvoraussetzungen auf. Es geht an dieser Stelle nur um die Frage, ob nach der Vorstellung der S § 32 StGB erfüllt ist und welche Bedeutung dies für die weitere Prüfung hat.

160 Nach der Vorstellung der S stand ein ihr unbekannter Mann bewaffnet vor ihr und forderte ihre Wertsachen. Es liegt daher ein gegenwärtiger, rechtswidriger Angriff vor, der durch den Fußtritt der S abgewehrt werden sollte.

Fraglich ist allerdings, ob der Tritt auch erforderlich war. Erforderlich ist grundsätzlich jede Handlung, die zu einer wirksamen Verteidigung beiträgt, eine möglichst sofortige Beendigung des Angriffs erwarten lässt und die endgültige Beseitigung der Gefahr am besten gewährleistet. Von mehreren gleich wirksamen Verteidigungsmöglichkeiten ist das mildeste Mittel anzuwenden, soweit dem Notwehrübenden hinreichend Zeit zur Auswahl und Einschätzung der Situation bleibt.[95]

S musste hier in sehr kurzer Zeit entscheiden, wie sie dem vermeintlichen Angriff des B wirksam begegnen konnte. Der von ihr ausgeführte Tritt ist ein grundsätzlich geeignetes Verteidigungsmittel, weil er den Angriff beendete. Er ist auch erforderlich, denn mildere Maßnahmen standen ihr, insbesondere in Anbetracht des von B mitgeführten Messers, nicht zur Verfügung.

161 Die Handlung der S war schließlich auch geboten. Anhaltspunkte für eine Einschränkung des Notwehrrechts liegen nicht vor.

S handelte zudem mit Verteidigungswillen. Das alles führt zu dem Ergebnis, dass S, hätte die tatsächliche Lage der von ihr vorgestellten

---

[95] S. dazu nur Schönke/Schröder/*Perron*, StGB, § 32 Rn. 34; *Wessels/Beulke/Satzger*, AT, Rn. 498, 500 f. .

Lage entsprochen, in Notwehr gehandelt hätte. Sie wäre dann gemäß § 32 StGB gerechtfertigt.

Weil S somit irrig das Vorliegen einer Sachlage angenommen hat, in der ihr Vorgehen gerechtfertigt gewesen wäre, unterlag sie einem ETBI. Sie wollte kein Unrecht begehen, sondern sich verteidigen. Ihr fehlt daher die schuldtypische Gesinnung.

(2) Wie wirkt sich nun ein solcher ETBI auf die Strafbarkeit der S **162** aus? Diese Frage ist umstritten. Zur rechtlichen Behandlung des ETBI werden verschiedene Ansichten vertreten.[96] Ich werde an dieser Stelle mehrere Theorien darstellen, wobei es im Kern darum geht, ob der ETBI dem in § 16 StGB geregelten Tatbestandsirrtum oder dem in § 17 StGB geregelten Verbotsirrtum näher steht. Hierbei beginne ich mit der Vorsatztheorie und komme anschließend zu den Schuldtheorien.

Nach der sog. **Vorsatztheorie** entfällt beim ETBI bereits der Tatbe- **163** standsvorsatz. Da das Unrechtsbewusstsein als Element des Tatbestandes angesehen wird, liegt bei einem Irrtum über die tatsächlichen Voraussetzungen eines Rechtfertigungsgrundes ein Tatbestandsirrtum vor, so dass § 16 Abs. 1 S. 1 StGB direkt anzuwenden ist. Nach dieser Meinung wäre S nicht wegen einer vorsätzlichen Körperverletzung strafbar.

Demgegenüber sieht die sog. **strenge Schuldtheorie** in jedem Irr- **164** tum über die Rechtswidrigkeit der Tat einen Verbotsirrtum, der gemäß § 17 StGB zu behandeln ist, da § 16 StGB nach seinem Wortlaut lediglich den Tatbestandsirrtum betrifft. Der ETBI ist daher wie der Erlaubnisirrtum zu behandeln.

Konsequenterweise ist somit die Vermeidbarkeit des Irrtums zu prüfen. Vermeidbar ist ein Verbotsirrtum, wenn dem Täter sein Vorhaben unter Berücksichtigung seiner Fähigkeiten und Kenntnisse hätte Anlass geben müssen, über dessen mögliche Rechtswidrigkeit nachzudenken oder sich zu erkundigen, und er auf diesem Wege zur Unrechtseinsicht gekommen wäre.

Wendet man diese Auffassung auf den vorliegenden Sachverhalt an, ergibt sich gleichermaßen die Straflosigkeit der S. Denn diese befand sich im Dunkeln in dem Grünstreifen und sah sich dem Angriff des für sie nicht erkennbaren B gegenüber. Sie hatte in dieser Situation keine Möglichkeit, ihren Irrtum aufzuklären. Vielmehr musste sie schnell

---

[96] Vgl. zu den einzelnen Theorien und ihren jeweiligen Vertretern die Darstellung in *Wessels/Beulke/Satzger*, Rn. 694 ff., sowie *Hillenkamp/Cornelius*, AT, 10. Problem, S. 81 ff.

handeln, um – ihre Vorstellung vorausgesetzt – nicht Opfer einer schweren Straftat zu werden. Der Irrtum war für sie daher unvermeidbar. Auch die strenge Schuldtheorie kommt somit für den vorliegenden Fall zu dem Ergebnis, dass eine Strafbarkeit wegen vorsätzlicher Körperverletzung ausscheidet.

165 Die **eingeschränkte Schuldtheorie** nimmt eine völlig andere Einordnung der hier zu erörternden Irrtumskonstellation vor. Sie nimmt den ETBI aus dem Anwendungsbereich des § 17 StGB heraus. Aufgrund der Nähe des ETBI zum Tatbestandsirrtum soll dieser auch in der Rechtsfolge dem Tatbestandsirrtum gleichgestellt werden. Aus diesem Grund entfällt eine Strafbarkeit wegen vorsätzlichen Handelns. Im Ergebnis wird also jedes Mal § 16 StGB angewandt. Zur Begründung dieses Ergebnisses werden allerdings unterschiedliche Ansätze verfolgt:

166 Die **Lehre von den negativen Tatbestandsmerkmalen** geht von einem zweistufigen Verbrechensaufbau aus. Nimmt der Täter irrtümlich das Vorliegen eines Rechtfertigungsgrundes an, kennt er einen zum gesetzlichen Tatbestand gehörenden Umstand nicht. Auf dieser Basis kommt diese Auffassung folgerichtig zu einer direkten Anwendung des § 16 Abs. 1 StGB mit der Konsequenz, dass der Vorsatz bei der irrigen Annahme rechtfertigender Tatumstände entfällt. Eine Strafbarkeit wegen vorsätzlicher Begehung scheidet damit aus. S wäre nach dieser Ansicht nicht wegen vorsätzlicher Körperverletzung strafbar.

167 Die **eingeschränkte Schuldtheorie im engeren Sinne** wendet § 16 Abs. 1 StGB hingegen (nur) analog auf den ETBI an. Auch sie verneint im Ergebnis den Tatbestandsvorsatz, so dass der Täter nicht wegen einer vorsätzlichen Tat bestraft werden kann. Soweit der Irrtum des Täters auf Fahrlässigkeit beruht, ist jedoch gemäß § 16 Abs. 1 S. 2 StGB gegebenenfalls die Strafbarkeit wegen des entsprechenden Fahrlässigkeitsdelikts zu prüfen. Auch nach dieser Ansicht ist aber S nicht wegen einer vorsätzlichen Tat strafbar.

168 Nach der **rechtsfolgenverweisenden eingeschränkten Schuldtheorie** bleibt hingegen der Tatbestandsvorsatz durch das Vorliegen eines ETBI unberührt. Aufgrund der Fehlvorstellung entfällt jedoch die Vorsatzschuld und damit eine Bestrafung wegen vorsätzlicher Tatbegehung. § 16 StGB wird weder direkt noch analog angewandt. Der ETBI wird aber in der Rechtsfolge dem in § 16 StGB geregelten Tatbestandsirrtum gleichgestellt. Auch hier kommt – wie bei der eingeschränkten Schuldtheorie im engeren Sinne – eine Bestrafung wegen eines Fahrlässigkeitsdelikts in Betracht, soweit der Irrtum auf Fahrlässigkeit beruht und die fahrlässige Begehungsweise unter Strafe steht.

Im Ergebnis kann S auch nach dieser Theorie nicht wegen einer vorsätzlichen Tatbegehung bestraft werden, auch wenn ihr Tatbestandsvorsatz bestehen bleibt.

c) Zusammenfassend ist festzustellen, dass S nach allen dargestellten Theorien nicht wegen einer vorsätzlichen Körperverletzung strafbar ist. Eine weitere Auseinandersetzung mit dem Meinungsstand an dieser Stelle erübrigt sich somit.

2. Ich komme nunmehr zu der Zusatzfrage, in der es darum geht, **169**
Fallkonstellationen aufzuzeigen, in denen man den zum ETBI bestehenden Theorienstreit nicht dahinstehen lassen kann.

Auf eine Entscheidung des Meindungsstandes kann es in zwei Konstellationen ankommen:

a) Zum einen, wenn man bei der Vermeidbarkeitsprüfung gemäß § 17 StGB zu dem Ergebnis gelangt, dass der Irrtum für den Täter vermeidbar war. Denn dann kommt man mit der strengen Schuldtheorie zu dem Schluss, dass wegen einer vorsätzlichen Tatbegehung zu bestrafen ist, während die übrigen Ansichten dies verneinen.

b) Ein weiterer Fall, in dem der Theorienstreit Relevanz besitzt, ist **170**
die Strafbarkeit eines bösgläubigen Teilnehmers, wenn der Täter einem ETBI unterliegt.

Soweit man mit der Vorsatztheorie, der Lehre von den negativen Tatbestandsmerkmalen und der eingeschränkten Schuldtheorie eine vorsatzausschließende Wirkung annimmt, liegt keine teilnahmefähige Haupttat vor. Diese muss gerade vorsätzlich und rechtswidrig begangen sein.

Die strenge Schuldtheorie sowie die rechtsfolgenverweisende eingeschränkte Schuldtheorie stehen der Bestrafung eines bösgläubigen Teilnehmers hingegen nicht entgegen, da nach beiden Theorien der Vorsatz des Haupttäters durch das Vorliegen eines ETBI nicht berührt wird.

Der Meinungsstreit wäre meiner Meinung nach bei der Prüfung der Strafbarkeit des Teilnehmers zu erörtern, da sich hier die Frage einer teilnahmefähigen Haupttat stellt.

Ich danke Ihnen für Ihre Aufmerksamkeit.

C. Literatur zur Vertiefung

Fahl, Zum Zusammenspiel von Erlaubnistatbestandsirrtum und § 35 II StGB, JA 2017, 481 ff.; *Christoph*, Der Erlaubnistatbestandsirrtum in der Falllösung, JA 2016, 32 ff.; *Eisele*, Strafrecht AT: Erlaubnistatbestandsirrtum und subjektives Rechtfertigungselement, JuS 2016, 366 ff.; *Heuchemer*, Die Behandlung des Erlaubnistatbestandsirrtums in der Klausur, JuS 2012, 79 ff.; *Schuster*, Der Doppelirrtum auf Rechtfertigungsebene, JuS 2007, 617 ff.; *Dürre/Wegerich*, Aberratio ictus und Erlaubnistatbestandsirrtum, JuS 2006, 712 ff.; *Kelker*, Erlaubnistatumstands- und Erlaubnisirrtum – eine systematische Erörterung, Jura 2006, 591 ff.; *Momsen/Rackow*, Der Erlaubnistatbestandsirrtum in der Fallbearbeitung, JA 2006, 550 ff., 654 ff.; *Gasa*, Die Behandlung des Irrtums über rechtfertigende Umstände im Gutachten – Typische Fehler, JuS 2005, 890 ff.; *Rönnau/Faust/Fehling*, Durchblick: Der Irrtum und seine Rechtsfolgen, JuS 2004, 667 ff.; *Schmelz*, Der Erlaubnistatbestandsirrtum im Gutachten – Eine klausuraufbauorientierte „Regieanweisung“, Jura 2002, 391 ff.

Aufgabe 6: Straßenverkehrsdelikte

A. Aufgabenstellung

1. Stellen Sie im Überblick die wichtigsten Straßenverkehrsdelikte des StGB dar! 171

2. Im Rahmen der Straßenverkehrsdelikte spielt häufig die Blutalkoholkonzentration eine wichtige Rolle.

Nennen Sie die Ihnen bekannten Grenzwerte für Kraftfahrer und ihre Bedeutung für ein mögliches Strafverfahren!

B. Lösungshinweise

I. Vortragsgliederung

1. Übersicht über die Straßenverkehrsdelikte
   - a) § 315c StGB
     - aa) Objektiver Tatbestand
       - (1) Tathandlungen: Fahruntüchtigkeit und grob verkehrswidriges Verhalten
       - (2) Konkrete Gefahr
     - bb) Subjektiver Tatbestand
   - b) § 315b StGB
     - aa) Grds. beschränkt auf verkehrsfremdes Verhalten
     - bb) Ausnahme: Bewusste Zweckentfremdung
     - cc) Tatbestandliche Voraussetzungen
   - c) § 316 StGB
     - aa) Schutzgut und Normstruktur
     - bb) Verhältnis zu § 315c StGB
   - d) § 316a StGB
   - e) § 142 StGB
   - f) § 240 StGB
2. Grenzwerte der Blutalkoholkonzentration
   - a) Absolute Fahruntüchtigkeit
   - b) Relative Fahruntüchtigkeit
   - c) Bewertung

II. Vortragsvorschlag

172 Sehr geehrte Damen und Herren,

mein heutiger Vortrag gliedert sich in zwei Teile: Im ersten Teil meines Vortrags erläutere ich die wichtigsten Straßenverkehrsdelikte des StGB, im zweiten die strafrechtliche Bedeutung der Blutalkoholkonzentration für Kraftfahrzeugführer.

1. Doch zunächst zu den Straßenverkehrsdelikten. Ich gehe hierbei auf die §§ 315b, 315c, 316, 316a, 142 und 240 StGB ein.

173 a) Beginnen möchte ich mit der Gefährdung des Straßenverkehrs nach § 315c StGB. Dieser bietet sich als Ausgangspunkt an, weil die anschließend zu erörternden §§ 315b und 316 StGB von ihm abzugrenzen sind und sich daher auf Basis der Kenntnis des § 315c StGB

besser verstehen lassen. Insgesamt zeigt sich in diesem Zusammenwirken die Systematik der Verkehrsdelikte.

Die Aufzählung der Tathandlungen in § 315c Abs. 1 StGB ist abschließend und betrifft Vorgänge im fließenden und ruhenden Verkehr.

aa) (1) Das Delikt ist auf der Tatbestandsseite zweigeteilt: Tathandlung ist bei Nr. 1 ein Fahren im Zustand der Fahruntüchtigkeit. Letztere kann sich dabei nach Nr. 1a) aus dem Genuss von Alkohol oder anderen berauschenden Mitteln ergeben bzw. nach Nr. 1b) aus geistigen oder körperlichen Mängeln. Fahruntüchtig ist ein Fahrer, wenn er nicht imstande ist, eine längere Strecke so zu steuern, dass er den Anforderungen des Straßenverkehrs so gewachsen ist, wie es von einem durchschnittlichen Fahrzeugführer zu erwarten ist.[97] Das gilt auch und gerade mit Blick auf plötzlich auftretende schwierige Verkehrslagen.

Bei Nr. 2 besteht hingegen die Tathandlung in den dort aufgezählten besonders gefährlichen Verkehrsverstößen wie etwa einem falschen Verhalten bei Überholvorgängen, soweit der Täter sich hierbei grob verkehrswidrig und rücksichtslos verhält.

(2) Sowohl in den Fällen der Nr. 1 wie in denen der Nr. 2 muss zu **174**
der abstrakt gefährlichen Tathandlung als deren Folge eine konkrete Gefahr für Leib oder Leben oder für eine Sache von bedeutendem Wert hinzutreten. Diese Situation wird, soweit es nicht zu einem Schadenseintritt kommt und das Vorliegen einer konkreten Gefahr daher zu bejahen ist, schlagwortartig mit der Situation eines „Beinahe-Unfalls" umschrieben.[98]

Hieran wird deutlich, dass es sich bei § 315c StGB um ein sog. konkretes Gefährdungsdelikt handelt. Schutzgut ist die Verkehrssicherheit.[99]

bb) Beim subjektiven Tatbestand ist zu beachten, dass die Tat vorsätzlich im Hinblick auf alle Tatbestandsmerkmale verwirklicht werden kann, Absatz 3 der Norm jedoch auch eine Vorsatz-Fahrlässigkeits-Kombination und die reine fahrlässige Begehungsweise vorsieht.

b) Während § 315c StGB ein verkehrsgefährdendes, aber noch dem **175**
Straßenverkehr zuzuordnendes Verhalten pönalisiert, stellt § 315b

---

[97] Vgl. *Fischer*, StGB, § 315c Rn. 3a ff.

[98] *BGH* NJW 1995, 3131 (3132); NJW 1996, 329 (330); Lackner/Kühl/*Heger*, StGB, § 315c Rn. 22; Schönke/Schröder/*Sternberg-Lieben/Hecker*, StGB, § 315c Rn. 33.

[99] Allg. Meinung, s. nur Lackner/Kühl/*Heger*, StGB, § 315c Rn. 1.

StGB „gefährliche Eingriffe in den Straßenverkehr" unter Strafe. Gemeint sind damit Handlungen, die von außen auf den Straßenverkehr einwirken.

aa) Daraus ergibt sich für das Verhältnis zwischen §§ 315b und 315c StGB, dass § 315b StGB grundsätzlich nur sog. verkehrsfremde Einwirkungen erfasst.[100] Hierunter fällt beispielsweise das Durchtrennen einer Bremsleitung am Fahrzeug oder die Errichtung von Straßensperren. Vorschriftswidriges Verhalten im ruhenden oder fließenden Straßenverkehr wird hingegen von § 315c StGB abschließend sanktioniert.

Entscheidend ist damit, ob sich das Verhalten des Täters im Schwerpunkt zwar als verkehrswidrig, aber noch verkehrsintern (dann § 315c StGB) oder als verkehrsfremd (dann § 315b StGB) darstellt.

176 bb) Von diesem Grundsatz gibt es jedoch eine allgemein anerkannte Ausnahme:

§ 315b StGB erfasst auch Vorgänge im ruhenden und fließenden Verkehr, wenn diese ausnahmsweise einen verkehrsfremden Eingriff darstellen. Das ist der Fall, wenn der Täter als Verkehrsteilnehmer einen Vorgang im Straßenverkehr zu einem Eingriff in den Verkehr pervertiert. Er muss hierzu in bewusster Zweckentfremdung seines Fahrzeugs dieses als Mittel zur Begehung einer der in § 315b Nr. 1, 2 StGB genannten Handlungen oder eines „ähnlichen, ebenso gefährlichen Eingriffs" einsetzten.[101] Als Beispiel für ein solches verkehrsfeindliches Verhalten ist etwa der Fall zu nennen, dass der Täter gezielt auf einen Polizeibeamten zufährt, um ihn zu zwingen, den Weg frei zu geben.

Allerdings sind grundsätzlich gegenüber einem Aufweichen der strengen Grenzziehung zwischen § 315c und § 315b StGB Bedenken zu erheben: Hintergrund dieser strikten Abgrenzung ist die gesetzgeberische Entscheidung, nur bei den in § 315c StGB genannten, besonders grob verkehrswidrigen Verhaltensweisen nicht nur das Ordnungswidrigkeitenrecht in Ansatz zu bringen, sondern einen Straftatbestand zu etablieren. Diese grundlegende Entscheidung darf nicht über eine Anwendung des § 315b StGB, der im Gegensatz zu § 315c StGB in Abs. 1 Nr. 3 StGB sogar einen allgemeinen Auffangtatbestand enthält, umgangen werden. So erklärt sich auch, warum § 315c StGB im Verhältnis zu § 315b StGB eine Sperrwirkung bei sämtlichen verkehrsinternen Gefährdungen des Straßenverkehrs entfaltet. Deshalb muss der Anwendungsbereich des § 315b StGB prinzipiell auf verkehrsfremde

---

[100] Lackner/Kühl/*Heger*, StGB, § 315b Rn. 4.

[101] *BGH* NStZ 1985, 267; *Krey/Hellmann/Heinrich*, BT/1, Rn. 1107.

Verhaltensweisen beschränkt bleiben. Wo genau die Grenzlinie zwischen einem noch verkehrsinternen und einem schon verkehrsfremden Verhalten zu ziehen ist, ist folglich ein schwieriges Problem. In der Rechtsprechung scheint sich allerdings in jüngerer Zeit eine etwas restriktivere Linie durchzusetzen, die dem systematischen Verhältnis der §§ 315c und 315b StGB besser Rechnung trägt als ein pauschales Verweisen auf das „Pervertieren" eines verkehrsinternen Vorgangs.[102]

cc) Der Tatbestand des § 315b StGB ist im Gegensatz zu dem des **177**
§ 315c StGB dreigliedrig aufgebaut:[103] Voraussetzung ist erstens das Vorliegen einer der genannten Tathandlungen oder eines verkehrsfeindlichen Eingriffs. Hierdurch muss zweitens die Sicherheit des Straßenverkehrs beeinträchtigt werden, und drittens muss es zu einer konkreten Gefährdung für Leib oder Leben eines anderen Menschen oder einer Sache von bedeutendem Wert kommen. Wiederum liegt also ein konkretes Gefährdungsdelikt vor. Hinsichtlich dieser letzten Voraussetzung sowie der Ausgestaltung des subjektiven Tatbestandes ist daher auf die Ausführungen zu § 315c StGB zu verweisen.

Zudem möchte ich auf die Qualifikation von Absatz 3 StGB hinweisen. Durch den Verweis auf § 315 Abs. 3 StGB kann eine Tat im Rahmen des § 315b StGB als Verbrechen einzustufen sein.

c) Ich komme nunmehr zu § 316 StGB, Trunkenheit im Verkehr. **178**

aa) Schutzgut der Vorschrift ist die Sicherheit des Verkehrs. Wie § 315c StGB verlangt § 316 StGB zunächst tatbestandlich eine alkoholbedingte Fahruntüchtigkeit. Im Gegensatz zu § 315c StGB ist aber deren Vorliegen bereits ausreichend. Es ist also keine konkrete Gefährdung erforderlich, sondern es genügt, dass der Täter ein Fahrzeug führt, obgleich er fahruntüchtig ist. Es handelt sich daher um ein abstraktes Gefährdungsdelikt.[104] Die Fahruntüchtigkeit muss auf dem Konsum von Alkohol oder anderer berauschender Mittel also beispielsweise Drogen beruhen. Auf die unterschiedlichen Grenzwerte für die alkoholbedingte Fahruntüchtigkeit werde ich im zweiten Teil meines Vortrages näher eingehen. Anzumerken ist, dass auch Fahrradfahrer von der Norm erfasst werden.[105]

---

[102] S. etwa *BGH* JuS 2007, 89 ff.; dazu ausführlich *Grupp/Kinzig*, NStZ 2007, 132 ff.

[103] *Wessels/Hettinger/Engländer*, BT/1, Rn. 1073.

[104] Lackner/Kühl/*Heger*, StGB, § 316 Rn. 1.

[105] Schönke/Schröder/*Sternberg-Lieben/Hecker*, StGB, § 316 Rn. 19; Schönke/Schröder/*Cramer/Sternberg-Lieben/Hecker*, StGB, § 315c Rn. 5.

bb) Hinsichtlich des Verhältnisses zwischen § 316 StGB und § 315c Abs. 1 Nr. 1 StGB ist zu sagen, dass § 316 StGB subsidiär ist.[106]

179 d) Ich komme nun zu § 316a StGB, dem räuberischen Angriff auf Kraftfahrer. Bereits die Überschrift der Norm verdeutlicht, dass Schutzgut neben der Sicherheit des Straßenverkehrs auch das Vermögen ist.

Tatbestandliche Voraussetzung ist, dass der Täter zur Begehung eines Raubes, eines räuberischen Diebstahls oder einer räuberischen Erpressung einen Angriff auf Leib oder Leben oder die Entschlussfreiheit des Fahrzeugführers oder Fahrzeuginsassens verübt und hierbei die besonderen Verhältnisse des Straßenverkehrs ausnutzt. Unter Angriff ist dabei jedes feindselige Verhalten zu verstehen, welches sich gegen die aufgezählten Rechtsgüter richtet.[107]

Die Einordnung als Straßenverkehrsdelikt rechtfertigt sich aus dem erforderlichen tatspezifischen Zusammenhang mit den besonderen Verhältnissen des Straßenverkehrs. Der Täter muss die besonderen Verhältnisse des fließenden Straßenverkehrs ausnutzen. Letztlich geht es also um ein Ausnutzen spezifischer Gefahrenlagen, die sich aus der Teilnahme am Straßenverkehr ergeben können. Dies kann beispielsweise die Isolierung von Fahrzeuginsassen sowie die Unerreichbarkeit von Hilfe sein, oder die Konzentration eines Fahrzeugführers auf die Verkehrsteilnahme.[108]

Absatz 3 der Norm enthält eine Erfolgsqualifikation für eine wenigstens leichtfertige Verursachung des Todes eines Menschen.

180 e) § 142 StGB betrifft das unerlaubte Entfernen vom Unfallort.

Es handelt sich bei dieser Vorschrift um ein Vermögensgefährdungsdelikt. Geschütztes Rechtsgut ist nicht die Sicherheit des Straßenverkehrs, sondern das Feststellungsinteresse anderer Unfallbeteiligter oder der Geschädigten im Hinblick auf mögliche, aus dem Unfall entstandene zivilrechtliche Ansprüche.[109]

Umstritten waren hier insbesondere die Fälle des nicht vorsätzlichen Entfernens vom Unfallort. Eine solche Situation kann eintreten, wenn ein Beteiligter eines Verkehrsunfalls diesen als solchen oder seine eigene Beteiligung daran erst zu einem späteren Zeitpunkt bemerkt. Man könnte hier an eine Anwendung des § 142 Abs. 2 Nr. 2 StGB denken. Demnach macht sich auch strafbar, wer sich zunächst „berech-

---

[106] Schönke/Schröder/*Sternberg-Lieben/Hecker*, StGB, § 316 Rn. 30.

[107] Schönke/Schröder/*Sternberg-Lieben/Hecker*, StGB, § 316a Rn. 3.

[108] *BGH* NStZ 1986, 551 f. mit Anm. *Geppert*; *Wessels/Hillenkamp*, BT/2, Rn. 421 m.w.N. aus der Rspr.

[109] *Lackner/Kühl*, StGB, § 142 Rn. 1 m.w.N.

tigt oder entschuldigt" vom Unfallort entfernt, dann aber die erforderlichen Feststellungen über die Unfallbeteiligung nicht unverzüglich nachträglich ermöglicht.

Angesichts des klaren Wortlauts scheint hier eine Anwendung auf das nichtvorsätzliche Handeln dem Analogieverbot zu widersprechen. Gleichwohl hat die strafrechtliche Rechtsprechung lange Zeit eine solche Gleichsetzung vorgenommen.[110] Argumentativ stützte sie sich dabei auf ein „untechnisches" Verständnis der Terminologie des § 142 StGB. Diese könne auch den Vorsatz mit umfassen.[111] Jüngst hat nun das Bundesverfassungsgericht diese Handhabung des § 142 StGB durch die deutschen Strafgerichte als verfassungswidrigen Verstoß gegen Art. 103 Abs. 2 GG eingestuft.[112]

f) Damit bin ich abschließend bei § 240 StGB. **181**

Dieser stellt zwar zunächst kein klassisches Straßenverkehrsdelikt dar. Allerdings besitzt die Nötigung im Straßenverkehr eine hohe Praxisrelevanz.[113] Die Vorschrift erfasst Fehlverhalten im Straßenverkehr, das noch nicht den von § 315c StGB verlangten Schweregrad erreicht. Das kann beispielsweise der Fall sein bei dichtem, bedrängendem Auffahren über einen längeren Zeitraum unter Einsatz der Lichthupe, um auf diese Weise eine Freigabe der Überholspur zu erzwingen. Ob eine Nötigung vorliegt, ist jedoch eine Frage des Einzelfalls, da nicht jedes verkehrswidrige Verhalten geeignet ist, den Tatbestand zu erfüllen. Die Nötigung im Straßenverkehr stellt ein Erfolgsdelikt dar, weil das vollendete Delikt eine entsprechend abgenötigte Handlung des Opfers erfordert. Sie schützt damit aber zugleich auch die jedenfalls abstrakt gefährdete Verkehrssicherheit.

2. Ich komme nunmehr zu dem zweiten Teil meines Vortrags und **182**
damit zu der Frage, welche Bedeutung der Blutalkoholkonzentration bei Verkehrsstraftaten zukommt.

Bei der Frage der Fahrtüchtigkeit im Rahmen von § 316 StGB oder § 315c Abs. 1 Nr. 1a) StGB wird zwischen der absoluten und der relativen Fahruntüchtigkeit unterschieden.[114]

---

[110] Grundlegend *BGH* NJW 1979, 434 f. Ausführlich hierzu *Hillenkamp*, BT, 17. Problem, S. 80 ff.

[111] Hierzu nur der knappe Überblick bei *Laschewski*, NZV 2007, 444 (445).

[112] *BVerfG* JuS 2007, 689 ff. mit Anm. *Jahn*; s.a. *Laschewski*, NZV 2007, 444 ff.; *Wessels/Hettinger/Engländer*, BT/1, Rn. 1117 f.

[113] Ausführlich *Maatz*, NZV 2006, 337 ff.

[114] Zum Folgenden z.B. *Wessels/Hettinger/Engländer*, BT/1, Rn. 1084 ff.

a) Eine absolute Fahruntüchtigkeit liegt bei Kraftfahrern bei einer Blutalkoholkonzentration von 1,1 Promille oder mehr vor. Bei Vorliegen dieses Wertes wird die Fahruntüchtigkeit vermutet. D.h., es müssen keine weiteren Feststellungen zu den Umständen, insbesondere der Fahrweise des Fahrers, getroffen werden. Der Grenzwert hat somit die Bedeutung einer prozessualen Beweisregel. Der Gegenbeweis, dass der Fahrer trotz seiner Alkoholisierung noch fahrtüchtig war, ist ausgeschlossen.

183 b) Daneben gibt es die Konstellation einer relativen Fahruntüchtigkeit. Diese erlangt bei BAK-Werten unter 1,1 Promille Bedeutung. Fahruntüchtigkeit kann ab 0,3 Promille in Betracht kommen, bei einem Wert darunter kommt eine alkoholbedingte Fahruntüchtigkeit nicht in Betracht. Hinzukommen müssen aber in jedem Fall weitere Umstände, um die Fahruntüchtigkeit zu begründen. Zu diesen weiteren Umständen zählen insbesondere sog. alkoholtypische Ausfallerscheinungen wie Torkeln, Orientierungsverlust oder alkoholtypische Fahrfehler. Letzteres ist häufig bei Unfällen anzunehmen, aber auch bei dem Fahren von Schlangenlinien u.ä.

Neben diesen objektiv feststellbaren Ausfallerscheinungen können auch subjektive, also in der Person des Täters liegende Umstände, wie etwa sein Alter, Erkrankungen oder Übermüdung hier eine Rolle spielen. Eine weitere Gruppe bilden in diesem Zusammenhang die äußeren Umstände, beispielsweise die Straßen- und Wetterverhältnisse.

Insgesamt ist also eine Gesamtbetrachtung vorzunehmen. Dabei nimmt die Bedeutung der Indizien zur Feststellung der Fahruntüchtigkeit bei einer höheren Blutalkoholkonzentration ab. Das heißt, je näher der Täter an den Grenzwert zur absoluten Fahruntüchtigkeit herankommt, desto geringere Anforderungen sind an die übrigen Indizien zu stellen.

184 c) Im Ergebnis handelt es sich somit nicht etwa um eine Differenzierung im Rahmen der Fahruntüchtigkeit. Die insoweit etwas missverständliche Bezeichnung als relative bzw. absolute Fahruntüchtigkeit betrifft nicht die Fahruntüchtigkeit also solche, sondern nur deren Feststellung.[115] Der Fahrer ist – soweit man bei Vorliegen einer Blutalkoholkonzentration unter 1,1 Promille unter Würdigung der genannten Umstände zu einer relativen Fahruntüchtigkeit kommt – in beiden Fällen gleichermaßen fahruntüchtig und muss dies auch sein, weil das tatbestandliche Voraussetzung beispielsweise des § 316 StGB ist. Die Bedeutung der genannten Grenzwerte liegt somit nicht auf der materiellen, sondern der prozessualen Ebene. Sie wirken als Beweisregeln.

---

[115] *Wessels/Hettinger/Engländer*, BT/1, Rn. 1087.

Liegt bei dem Täter eine Blutalkoholkonzentration von 1,1 Promille oder mehr vor, so kann er nicht den Gegenbeweis führen, dass er trotz des erreichten Wertes noch fahrtüchtig war.[116]

Ich bedanke mich für Ihre Aufmerksamkeit.

C. Literatur zur Vertiefung

Göttl, Der subjektive Tatbestand der Gefährdungsdelikte, JuS 2017, 306 ff.; *Zieschang*, Die Straßenverkehrsdelikte gemäß §§ 315b, 315c StGB und § 316 StGB, Ad Legendum 2015, 333 ff.; *Haverkamp/Kaspar*, Der betrunkene Fahrlehrer, JA 2010, 780 ff.; *Noak/Sengbusch*, Probleme mit den Pferdestärken, Jura 2005, 494 ff.; *Fahl*, Straßenverkehrsdelikte u.a., JuS 2003, 472 ff.; *König*, Promillearithmetik im Verkehrsstraf- und Ordnungswidrigkeitenrecht, JA 2003, 131 ff.; *Geppert*, Gefährdung des Straßenverkehrs (§ 315c StGB) und Trunkenheit im Verkehr (§ 316 StGB), Jura 2001, 559 ff.; *Kopp*, Prüfungsrelevante Probleme des Straßenverkehrsstrafrechts, JA 1999, 943 ff.; *Sternberg-Lieben*, Alkohol im Blut, JuS 1998, 428 ff.; *Schembecker*, Blutalkoholkonzentration im Rahmen der §§ 315c, 316, 20, 21 StGB, JuS 1993, 674 ff.; *Ranft*, Delikte im Straßenverkehr, Jura 1987, 608 ff.

---

[116] Vgl. *Fischer*, StGB, § 316 Rn. 25.

Aufgabe 7: Die „Giftfalle“

A. Aufgabenstellung

Der BGH hat sich in der Konstellation der sog. Giftfalle zum unmittelbaren Ansetzen zur Tatbestandsverwirklichung für den Fall einer erforderlichen selbstschädigenden Mitwirkung des Opfers geäußert. Dem lag der folgende Sachverhalt zugrunde: 185

In das Haus des A war eingebrochen worden, dabei hatten die Einbrecher auch Lebensmittel konsumiert. Es gab Anhaltspunkte dafür, dass die Einbrecher zum Abtransport bereitgestellter Beute nochmals erscheinen würden. Aus Verärgerung über die Straftat hatte A daraufhin eine mit Gift gefüllte Schnapsflasche offen hingestellt. Er nahm in Kauf, dass die Einbrecher bei einem erneuten Erscheinen in seinem Haus aus der Flasche trinken würden. Er wusste auch, dass bereits geringe Mengen tödlich wirken, war sich aber nicht sicher, ob die Täter auch wirklich zurückkehren würden.

Nach dem Bereitstellen der Flasche verließ A das Haus, in dem sich Polizeibeamte versteckten. Einige Stunden später informierte er die im Haus anwesenden Polizeibeamten über die Existenz und den Inhalt der Flasche, die daraufhin sichergestellt wurde. Es kam niemand zu Schaden.

A wurde u.a. wegen versuchten Totschlags angeklagt, letztlich aber insoweit freigesprochen.

1. Begründen Sie diese Entscheidung. Beginnen Sie mit einer kurzen allgemeinen Darstellung des „unmittelbaren Ansetzens“!

Bearbeitungshinweis: Der Sachverhalt braucht nicht wiedergegeben zu werden.

2. Erläutern Sie im Hinblick auf § 24 StGB die Begriffe „fehlgeschlagener Versuch“, Einzelaktstheorie sowie Gesamtbetrachtungslehre!

B. Lösungshinweise

I. Vortragsgliederung

1. Der Freispruch des A
   a) Allgemeines zum unmittelbaren Ansetzen
   b) „Giftfalle“
      aa) Problembeschreibung
      bb) Lösungsansätze
         (1) BGH
         (2) Literatur
         (3) Argumentative Auseinandersetzung
   c) Ergebnis

2. Zu § 24 StGB
   a) Fehlgeschlagener Versuch
   b) Fehlschlag bei mehraktigen Geschehnissen
      aa) Einzelaktstheorie
      bb) Gesamtbetrachtungslehre
      cc) Bewertung

II. Vortragsvorschlag

186 Sehr geehrte Damen und Herren,

mein Vortrag gliedert sich in zwei Teile. Zunächst werde ich eine Entscheidung des BGH inhaltlich nachvollziehen, und im zweiten Abschnitt werde ich dann die Begriffe „fehlgeschlagener Versuch“, Einzelaktstheorie sowie Gesamtbetrachtungslehre im Kontext des § 24 StGB erläutern.

1. Im ersten Teil meines Vortrags beschäftige ich mich mit einer Entscheidung des BGH. Schwerpunkt dieser Entscheidung und meines Vortrags ist die Abgrenzung der straflosen bloßen Vorbereitungshandlung zum strafbaren Versuch i.S.d. § 22 StGB in den Fällen, in denen der Täter dem Opfer eine Falle stellt. Das Besondere an diesen Fallkonstellationen ist, dass der Täter auf eine Mitwirkungshandlung des Opfers zur Tatbestandsverwirklichung angewiesen ist.

187 a) Einleitend möchte ich allgemein auf § 22 StGB eingehen. Dieser enthält eine Begriffsbestimmung des Versuchs. Ein Versuch liegt demnach vor, wenn der Täter nach seiner Vorstellung von der Tat zur Verwirklichung unmittelbar ansetzt. Das unmittelbare Ansetzen kenn-

Grds.: Unmittelb. Ansetzen nach gemischt subj.-obj. Theorie
(P) bei Giftfalle (Mitwirk. Opfer = Zwischenschritte)

zeichnet dabei die Grenze zwischen einer straflosen Vorbereitungshandlung und dem Versuchsbeginn.

Weitgehend problemlos ist von einem unmittelbaren Ansetzen im Allgemeinen dann auszugehen, wenn der Täter bereits Tatbestandsmerkmale erfüllt hat oder mit ihrer Verwirklichung begonnen hat.[117]

Schwieriger ist die Abgrenzung hingegen in Fällen, in denen es um Handlungen im Vorfeld des Tatbestandes geht, also gerade noch keine Teilverwirklichung von Tatbestandsmerkmalen vorliegt.[118]

Die herrschende Meinung behilft sich mit einer Kombination aus **188**
subjektiven und objektiven Kriterien.

Nach dieser **gemischt subjektiv-objektiven Theorie** liegt ein unmittelbares Ansetzen dann vor, wenn das Verhalten nach dem Gesamtplan des Täters so eng mit der tatbestandlichen Ausführungshandlung verknüpft ist, dass es bei ungestörtem Fortgang unmittelbar zur Verwirklichung des gesamten Tatbestandes führen soll. Der individuelle Tatplan bildet hier die subjektive Beurteilungsgrundlage, während mit Hilfe von Indizien die objektive Komponente, das unmittelbare Ansetzen, zu prüfen ist. Hier kann beispielsweise darauf abgestellt werden, ob eine besondere zeitliche Nähe zur Tatbestandsverwirklichung besteht oder eine enge räumliche Täter-Opfer-Beziehung vorliegt. Herangezogen werden kann als Bewertungsmaßstab ferner, ob auf Grundlage der Tätervorstellung das geschützte Rechtsgut bereits konkret gefährdet erscheint oder ob die Handlung bei ungestörtem Fortgang ohne wesentliche Zwischenschritte in der Tatbestandsverwirklichung einmünden soll.

b) Die Besonderheit bei der sog. Giftfalle, gleiches gilt jedoch auch **189**
für die ähnlich gelagerten Fälle der „Sprengfalle" und der „Elektrofalle"[119], besteht darin, dass der Täter von seiner Seite aus alles zur Tatbestandsverwirklichung Erforderliche getan hat. Allerdings bedarf es noch einer Mitwirkungshandlung des Opfers, um den tatbestandlichen Erfolg herbeizuführen.

aa) Der Täter hat also z.B. wie in der hier zu besprechenden Entscheidung die Flasche mit Gift gefüllt und bereitgestellt; das Opfer muss sie nunmehr trinken. Oder er hat an dem PKW seines Opfers

---

[117] *Wessels/Beulke/Satzger*, AT, Rn. 848.

[118] Zum Folgenden ausführlich *Gropp*, AT, § 9 Rn. 28 ff.; *Wessels/Beulke/Satzger*, AT, Rn. 848 ff.

[119] *BGH* NJW 1997, 3453 ff. (Giftfalle), mit kritischer Anmerkung *Roxin*, JZ 1998, 211 ff.; *BGH* NStZ 1998, 294 ff. (Sprengfalle), *BGH* NStZ 2001, 475 ff. (Elektrofalle).

einen Sprengstoffsatz angebracht, der bei einer Betätigung der Zündung des Autos explodieren soll.

In diesen Fällen kann es zu einem beliebigen Zeitpunkt zu der erforderlichen Mitwirkungshandlung des Opfers kommen, es sind zudem in Form der Mitwirkungshandlung noch weitere Zwischenschritte notwendig. Nach den oben genannten Kriterien läge daher kein unmittelbares Ansetzen vor.

190 bb) Wie ist nun in diesen Konstellationen zu verfahren?

Zu dieser Problematik möchte ich zwei Meinungen darstellen, nämlich einerseits die durch den BGH in der Giftfallentscheidung entwickelte Ansicht sowie andererseits den Lösungsansatz der herrschenden Lehre.

191 (1) Der BGH hat in dieser Konstellation für die Abgrenzung zwischen strafloser Vorbereitungshandlung und Versuchsbeginn eine neue, differenzierte Sichtweise vertreten.

Hinsichtlich des Versuchsbeginns kann demnach nicht auf das abgeschlossene Täterverhalten abgestellt werden, sondern es kommt auf die nach dem Tatplan zu beurteilende unmittelbare Rechtsgutsgefährdung an. Ist sich der Täter sicher, dass das Opfer die von ihm einkalkulierte Mitwirkungshandlung vornehmen wird, dann ist die Schwelle zur Versuchsstrafbarkeit bereits mit dem Abschluss der Täterhandlung überschritten. Ist es für den Täter hingegen ungewiss, ob das Opfer im Wirkungsbereich des Tatmittels erscheinen und die selbstschädigende Handlung vornehmen wird, so liegt ein Versuchsbeginn erst zu dem Zeitpunkt vor, in dem das Opfer tatsächlich erscheint und mit der Mitwirkungshandlung beginnt.[120]

A konnte im hier vorliegenden Fall nicht mit Sicherheit davon ausgehen, dass die Einbrecher noch einmal zum Abtransport der bereitgestellten Beute zurückkehren würden. Ungewiss war hier zudem, ob im Falle eines erneuten Einbruchs die Einbrecher nochmals Lebensmittel und dann ausgerechnet die Flüssigkeit aus der Schnapsflasche konsumieren würden. Nach der Vorstellung des A stand die Schädigung der Opfer folglich nicht unmittelbar bevor. Entsprechend war eine straflose Vorbereitungshandlung anzunehmen und A freizusprechen.

192 (2) Die herrschende Lehre[121] vertritt die sog. Alternativformel. Der Versuchsbeginn ist demnach gegeben, wenn das geschützte Rechtsgut entweder konkret gefährdet wird oder der Täter das Geschehen aus den Händen gibt.

---

[120] *BGH* NJW 1997, 3453 f.

[121] S. nur *Roxin*, JZ 1998, 211 (211 m. w. N.).

In der ersten Alternative behält der Täter die Kontrolle über den Geschehensablauf. Ein unmittelbares Ansetzen liegt in einer solchen Situation dann vor, wenn nach dem Täterplan eine konkrete Rechtsgutgefährdung eintritt.

Die zweite Alternative betrifft den Fall, das der Täter den Geschehensablauf bewusst aus den Händen gibt. Dann soll bereits mit der Aufgabe der Einflussnahme ein Versuch vorliegen. Hier kann es daher zu einem sehr viel früheren Versuchsbeginn kommen, insbesondere wird der Versuchsbeginn nicht von einer unmittelbar bevorstehenden Rechtsgutverletzung abhängig gemacht.

Für den vorliegenden Sachverhalt wäre demnach zu fragen, ob der **193**
A den Geschehensablauf mit dem Hinstellen der Flasche aus seinem eigenen Herrschaftsbereich entlassen hat.

Ich meine, dass dies hier zu bejahen ist. Denn A hatte sein Handeln abgeschlossen und wartete nun nur noch darauf, dass die Einbrecher zurückkehrten. Zu diesem Zeitpunkt hatte er keine Einflussmöglichkeiten auf das weitere Geschehen mehr, da er das Haus bereits verlassen hatte. Dass er zu einem späteren Zeitpunkt den Geschehensablauf wieder beherrschte, da er die Polizei über die Giftflasche informierte, ist meines Erachtens eine Frage des Rücktritts gemäß § 24 StGB, nicht des unmittelbaren Ansetzens. Aus diesem Grund liegt unter Berücksichtigung der Alternativformel der herrschenden Lehre ein unmittelbares Ansetzen gemäß § 22 StGB vor.

Dies kann man allerdings mit guten Gründen auch anders sehen: A wusste, dass Polizeibeamte in seinem Haus anwesend sind, die zumindest ab einem gewissen Zeitpunkt über den Inhalt der Flasche informiert waren und diese sicherstellen konnten. Letztlich müssen Sie sich hier für ein Ergebnis entscheiden, für dass Sie die besseren Argumente finden. Da die Aufgabenstellung so gefasst ist, dass das Ergebnis des BGH zu erläutern ist, schneiden Sie sich auch keine Probleme ab, wenn Sie mit der Alternativformel ein unmittelbares Ansetzen verneinen, da sie neben dem Ergebnis der Rechtsprechung auch die vom BGH dargelegte Argumentation wiedergeben sollen.

(3) Rechtsprechung und Literatur kommen somit bei der Frage des **194**
unmittelbaren Ansetzens in der vorliegenden „Giftfallenentscheidung“ zu unterschiedlichen Ergebnissen. Ich werde daher im Folgenden sowohl die Kritik darstellen, die die Rechtsprechung erfahren hat, als auch die Gründe, die für die Auffassung des BGH sprechen.

Gegen die Ansicht der Rechtsprechung wird angeführt, dass für die Beurteilung der unmittelbaren Rechtsgutgefährdung auf die Tätervorstellung abgestellt wird, die kein taugliches Abgrenzungskriterium sei. Es besteht vielmehr die Gefahr von Zufallsergebnissen. Hätte der A in seiner Vorstellung fest mit einer Rückkehr der Einbrecher gerechnet, und damit, dass diese aus der Schnapsflasche trinken werden, wäre die Schwelle zum Versuch überschritten gewesen. Es erscheint daher erforderlich, die Abgrenzung auf der Grundlage der Tätervorstellung nach objektiven Kriterien vorzunehmen.[122] Ferner ist kritisch anzumerken, dass nach dem Verständnis des BGH für die Fälle der Ungewissheit der erforderlichen Mitwirkung des Opfers entgegen dem Wortlaut des § 22 StGB das Opfer und nicht der Täter zur Tatbestandsverwirklichung ansetzt.

195 Für die Auffassung des BGH spricht demgegenüber die Strukturverwandtschaft dieses Sachverhalts mit den Fällen der mittelbaren Täterschaft, die ich nunmehr näher aufzeigen möchte.

Bei der mittelbaren Täterschaft bedient sich der Täter eines Tatmittlers zur Tatbestandsverwirklichung. Bei der Giftfalle ist der Täter ebenso auf eine Mitwirkungshandlung des Opfers angewiesen. Das Opfer wird „zum Tatmittler gegen sich selbst“.[123] In den Fällen der mittelbaren Täterschaft liegt ein unmittelbares Ansetzen spätestens mit der Vornahme der Tatbestandshandlung des Tatmittlers vor, kann jedoch auch vor diesem Zeitpunkt liegen, wenn der mittelbare Täter das von ihm in Gang gesetzte Geschehen mit der Vorstellung aus der Hand gibt, dass die tatbestandsmäßige Handlung ohne weitere wesentliche Zwischenschritte ausgeführt werde.[124] Hierin liegt dann bereits eine unmittelbare Gefährdung des Rechtsguts. Ist hingegen ungewiss, ob und zu welchem Zeitpunkt die Gefährdung einsetzt, ist ein unmittelbares Ansetzen erst mit dem Beginn der tatbestandsmäßigen Ausführungshandlung des Tatmittlers gegeben.[125] Diese Wertung überträgt der BGH auf die hier vorliegende Fallkonstellation.

196 Soweit gegen die Rechtsprechung darauf hingewiesen wird, dass § 22 StGB ein unmittelbares Ansetzen des Täters und nicht des Opfers verlange, trennt der BGH zwischen dem „Ansetzen“ zur Tatbestandsverwirklichung und dem Unmittelbarkeitserfordernis. Der Täter setzt zwar zur Tat mit dem Abschluss seiner Handlungen an, dies besagt

---

[122] *Roxin*, JZ 1998, 211 (212).
[123] *BGH* NJW 1997, 3453 f.
[124] *Gropp*, AT, Rn. 63 ff.; *Wessels/Beulke/Satzger*, AT, Rn. 857 ff.
[125] *Wessels/Beulke/Satzger*, AT, Rn. 857d; s.a. *Hillenkamp/Cornelius*, AT, 15. Problem, S. 125 ff.

aber für sich alleine nicht, ob das geschützte Rechtsgut bereits zu diesem Zeitpunkt unmittelbar gefährdet ist. Die Frage der Unmittelbarkeit ist hingegen unter Berücksichtigung des Verhaltens des Opfers zu beurteilen.[126]

Damit ist der BGH in dem vorliegenden Fall zu dem Ergebnis gelangt, dass der A nicht wegen versuchten Totschlags strafbar ist, da es an einem unmittelbaren Ansetzen zur Tatbestandsverwirklichung fehlt.

2. Damit komme ich nunmehr zum zweiten Teil meines Vortrags. **197**
Hierbei geht es um eine Erläuterung der Begriffe „fehlgeschlagener Versuch“ sowie Einzelaktstheorie und Gesamtbetrachtungslehre. Diese Begriffe sind im Rahmen des persönlichen Strafaufhebungsgrunds des Rücktritts von Bedeutung. Der Rücktritt ist in § 24 StGB geregelt. Wegen Versuchs wird demnach derjenige nicht bestraft, der freiwillig die weitere Ausführung der Tat aufgibt oder deren Vollendung verhindert.

a) Ausgeschlossen ist ein solcher Rücktritt jedoch in den Fällen des **198**
fehlgeschlagenen Versuchs. Das erklärt sich aus dem Sinn und Zweck des Rücktrittsprivilegs: Dieses ermöglicht es dem Täter, auch nach Versuchsbeginn noch in die Legalität zurückzukehren und schützt damit das gefährdete Rechtsgut. Voraussetzung der Straffreiheit ist aber eine honorierbare Umkehrleistung, mit der zugleich der Nachweis der minderen Gefährlichkeit erbracht ist. Das Rücktrittsprivileg soll daher gerade nur dem Täter zugute kommen, der die Vollendung seiner Tat noch für möglich hält. Für diesen Täter ist das Rücktrittsprivileg die sog. „goldene Brücke“ in die Legalität.[127]

Ich möchte nun drei Fallgruppen vorstellen, in denen ein fehlge- **199**
schlagener Versuch angenommen wird:[128]

Dies ist zum einen der Fall, wenn die Tat objektiv mit den zur Verfügung stehenden Mitteln nicht mehr oder nicht ohne eine größere zeitliche Unterbrechung vollendet werden kann und der Täter dies auch weiß.

Ein Fehlschlag liegt zweitens auch dann vor, wenn die Tat zwar objektiv noch verwirklicht werden könnte, der Täter jedoch die Vorstellung hat, dass dies nicht mehr möglich sei. Dieser Fall zeigt, dass auf die subjektive Sicht des Täters abzustellen ist.

---

[126] *BGH* NJW 1997, 3453 (3454).

[127] Kritisch Schönke/Schröder/*Eser/Bosch*, StGB, § 24 Rn. 2 ff.; s. schon oben Rn. 149.

[128] Vgl. hierzu *Wessels/Beulke/Satzger*, AT, Rn. 872 ff.

Drittens ist ein Fehlschlag anzunehmen, wenn die Tat objektiv und auch nach der Vorstellung des Täters vollendet werden könnte, dieser jedoch sein mit der Tat beabsichtigtes Ziel nicht mehr verwirklichen kann. Hier liegt ein Fall der Sinnlosigkeit des Weiterhandelns vor.

Wenn es Ihnen einfacher fällt, die Begrifflichkeiten anhand von konkreten Beispielsfällen darzulegen, dann entwickeln Sie solche und bauen Sie sie in den Vortrag ein. Bei den zumeist abstrakten Themenvorträgen sind Sie in der Gestaltung des Vortrags freier. Beispielsweise kann man den zweiten Fall damit erklären, dass der Täter eine Pistole mit einem vollen Magazin zur Verfügung hat. Er gibt einen Schuss ab und verfehlt das Opfer. Es wäre jetzt einfach, einen weiteren Schuss abzugeben. Der Täter in Ihrem Fall denkt jedoch, er habe nur eine Kugel im Magazin gehabt und gibt daher auf. In Fall drei kann man an einen Attentäter denken, der seine Position einnimmt und auf das Opfer wartet. Stattdessen kommt jedoch ein Mitarbeiter des Opfers vorbei, und es ist nicht davon auszugehen, dass das Opfer noch kommen wird. Für den Täter ist die Tötung des Mitarbeiters sinnlos.

200 b) Die Begriffe der Einzelaktstheorie und der Gesamtbetrachtungslehre stehen in unmittelbaren Zusammenhang zu dem eben erläuterten fehlgeschlagenen Versuch.[129]

Es stellt sich bei komplexeren, mehraktigen Geschehen die Frage, ob auf die Einzelakte und das seitens des Täters ursprünglich ins Auge gefasste und fehlgeschlagene Tatmittel abzustellen ist, oder ob eine Gesamtbetrachtung unter Berücksichtigung der Fortsetzungsmöglichkeiten des Täters angezeigt ist.

aa) Ich möchte diese Problematik anhand eines Beispiels erläutern.

Der Täter plant, sein Opfer zu erschießen. Am Tatort angelangt stellt er beim Versuch, einen ersten Schuss mit seiner Pistole abzugeben fest, dass diese defekt ist und nicht funktioniert. Da der Täter kräftig und dem Opfer in körperlicher Hinsicht weit überlegen ist, entschließt er sich, dass völlig eingeschüchterte Opfer zu erwürgen und setzt dazu an. Er lässt jedoch bald freiwillig von seinem Opfer ab, welches den Angriff überlebt.

201 In dieser Konstellation ist zu klären, ob ein strafbefreiender Rücktritt insgesamt, also von dem Totschlagsversuch noch möglich ist, oder ob auf den jeweiligen Einzelakt abgestellt werden muss. Im Ergebnis

---

[129] S. zum Folgenden *Gropp*, AT, § 9 Rn. 61 f.; *Wessels/Beulke/Satzger*, AT, Rn. 874 ff.

ist zu beurteilen, ob Fortsetzungs- und Wiederholungsmöglichkeiten des Täters, an die er ursprünglich nicht gedacht hat, bei der Frage ob ein fehlgeschlagener Versuch vorliegt, berücksichtigt werden dürfen.

bb) Die Einzelaktstheorie verneint dies, denn sie betrachtet jeden einzelnen Ausführungsakt, den der Täter bei Tatbeginn für erfolgsgeeignet gehalten hat, isoliert. Das Scheitern des Täters aufgrund der defekten Pistole in meinem Beispielsfall führt daher dieser Auffassung nach dazu, dass für diesen ersten Ausführungsakt ein fehlgeschlagener Versuch anzunehmen ist. Dies hat zur Konsequenz, dass dem Täter ein strafbefreiender Rücktritt verwehrt wird.

cc) Die Gesamtbetrachtungslehre stellt hingegen darauf ab, ob dem 202
Täter – wie er weiß – nach einem Fehlschlag der ersten, geplanten Ausführungshandlung unmittelbar weitere, nicht vom ursprünglichen Tatplan erfasste Fortsetzungs- oder Wiederholungsmöglichkeiten zur Verfügung stehen. Soweit keine ins Gewicht fallende zeitliche Verzögerung eintritt, kann er mit einem anderen, zu Beginn nicht bedachten Tatmittel erneut zum Angriff ansetzen, ohne dass ihm ein strafbefreiender Rücktritt vom Totschlagsversuch insgesamt versagt wird. Es liegt insoweit dann beim ersten Scheitern kein Fehlschlag vor, wenn der Täter erkennt, dass ihm eine weitere Möglichkeit zur Tatausführung zur Verfügung steht und er im unmittelbaren Anschluss erneut zum Angriff ansetzen könnte.

dd) Die Gesamtsbetrachtungslehre überzeugt aus folgenden Grün- 203
den:

Die isolierte Betrachtung jedes Ausführungsaktes durch die Einzelaktstheorie reißt einen einheitlichen Lebenssachverhalt auseinander. Gleichzeitig führt diese Ansicht zu einer erheblichen Einschränkung der Rücktrittsmöglichkeiten für den Täter und steht damit im Widerspruch zu Sinn und Zweck des Rücktrittsprivilegs.[130]

Betrachtet man den von mir gebildeten Ausgangsfall, so hat der Täter eine honorierbare Umkehrleistung erbracht. Er hat sich zudem als minder gefährlich erwiesen. Insbesondere spricht auch der Gedanke des Opferschutzes dafür, in diesen Konstellationen die Rückkehr in die Legalität zu belohnen. Es ist daher durchaus sachgerecht, bei der Beurteilung der Frage des Fehlschlags auf zeitnahe Fortsetzungsmöglichkeiten des Täters abzustellen.

Ich danke Ihnen für Ihre Aufmerksamkeit.

---

[130] Zu Sinn und Zweck des Rücktrittsprivilegs s. Schönke/Schröder/*Eser*, StGB, § 24 Rn. 2 ff.

C. Literatur zur Vertiefung

Ladiges, Der strafbefreiende Rücktritt bei der Beteiligung mehrerer, JuS 2016, 15 ff.; *Bürger*, Der Rücktritt vom „teilweise fehlgeschlagenen Versuch" – Eine Betrachtung unter Berücksichtigung der aktuellen Rechtsprechung des BGH, NStZ 2016, 578 ff.; *Exner*, Versuch und Rücktritt vom Versuch eines Unterlassensdelikts, Jura 2010, 276 ff.; *Kudlich*, Der Versuch des unechten Unterlassungsdelikts, JA 2008, 601 ff.; *Bock*, Versuch und Rücktritt, JuS 2006, 603 ff.; *Freund*, Zum Rücktritt vom Versuch bei einem mehraktigen Unterlassungsdelikt, NStZ 2004, 326 ff.; *Engländer*, Der Versuchsbeginn bei der Elektrofalle – BGH, NStZ 2001, 475, JuS 2003, 330 ff.; *Scheinfeld*, Der strafbefreiende Rücktritt vom Versuch in der Fallbearbeitung, JuS 2002, 250 ff.; *Otto*, Rücktritt und Rücktrittshorizont, Jura 2001, 341 ff.; *Rosenau/Klöhn*, Der Apotheker, der Dieb und der Bayerwald Bärwurz – Einbruch mit fast tödlichem Ausgang, Jura 2000, ff.; *Böse*, Der Beginn des beendeten Versuchs – Die Entscheidung des BGH zur „Giftfalle", JA 1999, 342 ff.; *Kudlich*, Grundfälle zum Rücktritt vom Versuch, JuS 1999, 240 ff., 349 ff., 449 ff.

Aufgabe 8: Das Ende einer Beziehung

A. Aufgabenstellung

A bittet seine Freundin F für ihn beim Geldautomaten 100 Euro abzuheben, da er selbst aufgrund einer wichtigen Seminararbeit keine Zeit dafür hat. Er gibt F seine EC-Karte und nennt ihr die PIN. F, die wenig Verständnis für die angespannte Situation des A hat, geht zum Geldautomaten und beschließt, etwas mehr Geld abzuheben und damit einkaufen zu gehen. So kann sie sich wenigstens einen schönen Nachmittag auch ohne A machen, der ständig nur an seiner Seminararbeit sitzt. F hebt insgesamt 200 Euro ab, verwendet 100 Euro für eine kleine Einkaufstour und händigt Karte und 100 Euro A aus. Sie geht davon aus, dass A dies nicht bemerken wird, da er mit seiner Seminararbeit beschäftig ist. Hierbei irrt sie sich: A erfährt von der Abhebung, trennt sich von F und stellt Strafantrag für alle in Betracht kommenden Delikte. 204

Prüfen Sie die Strafbarkeit der F.

B. Lösungshinweise

I. Vortragsgliederung

1. Untreue, § 266 StGB
   a) Vermögensbetreuungspflicht?
   b) Ergebnis

2. Scheckkartenmissbrauch, § 266b StGB

3. Betrug zulasten des A, § 263 StGB

4. Computerbetrug, § 263a Abs. 1 StGB
   a) Datenverwendung
   b) Unbefugtheit
      aa) Computerspezifische Auffassung
      bb) Subjektivierende Auffassung
      cc) Betrugsspezifische Auffassung

5. Diebstahl, § 242 StGB
   a) Wegnahme einer fremden beweglichen Sache
      aa) Fremdheit
      bb) Gewahrsamsbruch
   b) Ergebnis

6. Unterschlagung, § 246 StGB
   a) Objektiver Tatbestand
   b) Vorsatz, Rechtswidrigkeit, Schuld

7. Ergebnis

II. Vortragsvorschlag

205 Sehr geehrte Damen und Herren,

ich prüfe vorliegend die Strafbarkeit der F, die mit der EC-Karte ihres Freundes A absprachewidrig einen höheren Betrag abgehoben hat. Da sie die Karte sowie die PIN von A erhalten hat, ist hier für die Frage der Strafbarkeit allein die Abhebung und nicht die Erlangung der Karte von Interesse.

206 1. Die F könnte sich wegen Untreue gemäß § 266 StGB strafbar gemacht haben, indem sie über die Erlaubnis des A hinaus weitere 100 Euro für sich abhob.

a) Voraussetzung des objektiven Tatbestandes der Untreue ist sowohl für den Missbrauchs- als auch für den Treuebruchtatbestand eine Vermögensbetreuungspflicht des Täters.

Es stellt sich damit die Frage, ob F bezüglich A, der sie mit der Abhebung beauftragte, eine Vermögensbetreuungspflicht hat. Eine Vermögensbetreuungspflicht ist dadurch gekennzeichnet, dass es sich um eine Hauptpflicht handelt und der Täter über eine gewisse wirtschaftliche Bewegungsfreiheit, Selbständigkeit sowie Ermessensspielräumen verfügt.[131] A hat die F unter Angabe der abzuhebenden Summe um die Abhebung gebeten. Insoweit hatte die F keine wirtschaftliche Entscheidungsfreiheit, sondern führte lediglich einen Auftrag aus.

b) Eine Vermögensbetreuungspflicht ist daher nicht anzunehmen, so dass bereits der objektive Tatbestand der Untreue nicht vorliegt.

2. Es ist somit zu prüfen, ob F wegen Missbrauchs von Scheck- und **207**
Kreditkarten nach § 266b StGB strafbar ist.

Indes ist bereits hinsichtlich des objektiven Tatbestandes zweifelhaft, ob F eine taugliche Täterin ist. § 266b StGB ist als Sonderdelikt ausgestaltet und erfasst nur den berechtigten Karteninhaber, also den, der die Karte von seiner Bank ausgestellt erhalten hat.[132] Hier ist demnach A, nicht hingegen F berechtigter Karteninhaber, damit ist eine Strafbarkeit nach § 266b StGB für F ausgeschlossen.

3. Nunmehr komme ich zur Prüfung der Strafbarkeit wegen Betru- **208**
ges nach § 263 Abs. 1 StGB.

Der objektive Tatbestand des Betrugs setzt die Täuschung einer anderen Person über Tatsachen voraus. F hat auftragsgemäß das Geld an einem Geldautomaten abgehoben und ist im Rahmen dieses Vorgangs nicht mit einer Person, beispielsweise einem Bankangestellten, in Kontakt gekommen. Somit hat sie auch keine andere Person täuschen können. Demnach entfällt auch eine Strafbarkeit wegen Betrugs.

Regelmäßig sind in den Fällen des Geldkartenmissbrauchs mehrere Delikte anzuprüfen. Achten Sie daher darauf, in jedem Fall noch ausreichend Zeit für die eigentlichen Schwerpunkte des Vortrags zu haben.

4. F könnte jedoch wegen Computerbetrug nach § 263a Abs. 1 **209**
StGB in der Variante der unbefugten Datenverwendung strafbar sein.

---

[131] Vgl. etwa *Krey/Hellmann/Heinrich*, BT/2, Rn. 798 f.; Lackner/Kühl/*Heger*, StGB, § 266 Rn. 8.; *Wessels/Hillenkamp*, BT/2, Rn. 752, 752, 769 ff.

[132] *Fischer*, StGB, § 266b Rn. 1.

a) Für den objektiven Tatbestand ist zunächst das Vorliegen einer Datenverwendung erforderlich. Hier stellt sich die Frage, ob F Daten verwendet, indem sie den Auszahlungsvorgang durch die Bedienung des Geldautomaten bewirkt.[133] Insoweit könnte man annehmen, dass F den Datenverarbeitungsvorgang erst in Gang setzt und dieses „In-Gang-Setzen" nicht von § 263a StGB erfasst ist.

210 Meiner Meinung nach ist das Handeln der F als eine Datenverwendung in diesem Sinne anzusehen. Zum einen kann man sprachlich das In-Gang-Setzen als eine, vielleicht sogar eine besonders intensive, Form der Datenverwendung verstehen, so dass der Wortlaut nicht entgegensteht. Zum anderen spricht die Entstehungsgeschichte des § 263a StGB sogar für eine entsprechend weite Auslegung. Denn die dritte Tatbestandsvariante wurde seitens des Gesetzgebers gerade im Hinblick auf den Missbrauch von Geldautomaten eingeführt. Schließlich steht der Geldautomat betriebsbereit den Kunden zur Verfügung, er wurde also bereits durch die Bank in Betrieb gesetzt. Durch das Einführen der Karte und das Eingeben der PIN nimmt F deshalb Einfluss auf den Datenverarbeitungsvorgang.

211 b) Diese Datenverwendung müsste ferner unbefugt erfolgt sein.

Die Auslegung des Merkmals der Unbefugtheit ist sehr umstritten.[134] Hierzu möchte ich auf drei Ansichten eingehen. Es handelt sich hierbei um die computerspezifische, die subjektivierende und die betrugsspezifische Auffassung.

aa) Die **computerspezifische Auffassung** beschränkt den Schutzbereich des § 263a StGB am weitesten, indem sie eine Beeinträchtigung des Datenverarbeitungsvorgangs als solchen verlangt.[135] F hat den Geldautomaten aber wie von der Bank vorgesehen, also ohne Manipulationen benutzt. Nach dieser Ansicht liegt somit keine unbefugte Datenverwendung vor.

bb) Die Vertreter der **subjektivierenden Auffassung** stellen demgegenüber auf den Willen des Berechtigten ab,[136] wobei hier zwischen dem Willen der die Karte ausgebenden Bank und dem des berechtigten Karteninhabers differenziert werden kann. Mit dieser Ansicht kommt man zu einer sehr weiten Auslegung des Tatbestandsmerkmals „unbefugt".

---

133 Zum Folgenden vgl. *Krey/Hellmann/Heinrich*, BT/2, Rn. 729 ff. m.w.N.

134 S. Lackner/Kühl/*Heger*, StGB, § 263a Rn. 11 ff.

135 *OLG Celle* NStZ 1989, 367; *Kempny*, JuS 2007, 1084 (1085 m.w.N.).

136 *BGH* NJW 1995, 669 (670).

Soweit man auf die Bank abstellt, ist diese nur mit Abhebungen durch den berechtigten Karteninhaber einverstanden, stellt man auf den berechtigten Karteninhaber ab, so entspricht eine Überschreitung des von ihm erteilten Auftrages nicht seinem Willen. Nach dieser Ansicht liegt folglich eine unbefugte Verwendung von Daten durch die F vor.

cc) Die **betrugsspezifische Auffassung** verlangt für das Merkmal „unbefugt" das Vorliegen einer täuschungsgleichen Handlung. Bei der Abhebung an einem Geldautomaten ist daher auf einen fiktiven Bankangestellten abzustellen und zu fragen, ob die Täterhandlung Täuschungscharakter hat.[137] Demzufolge ist hier zu fragen, ob das Verhalten der F bei der Geldabhebung als täuschungsgleich anzusehen ist.

F hat die EC-Karte mit PIN von A erhalten, verbunden mit der Er- **212**
laubnis, für ihn einen Betrag von 100 Euro am Geldautomaten abzuheben. Dieses Verhalten des A kann man dahingehend auslegen, dass er der F eine Bankvollmacht eingeräumt hat. Sie hätte daher auch gegenüber einem Bankangestellten nicht vorspiegeln müssen, berechtigte Karteninhaberin zu sein, sondern auf ihren Auftrag verweisen können.

Unrichtig wäre ihre Erklärung gegenüber dem Bankpersonal nur im Hinblick auf die Höhe der abzuhebenden Summe gewesen, da sie hier ihren Auftrag überschritt und ihr Handeln nicht mehr vom Willen des berechtigten Karteninhabers getragen war.

Soweit F jedoch nicht über ihre grundsätzliche Befugnis zur Abhebung täuscht, liegt kein Irrtum bei dem hinzugedachten Bankangestellten vor, da er sich regelmäßig über mögliche Beschränkungen im Innenverhältnis keine Gedanken machen wird.[138] Ein abredewidriges Verhalten der F stellt daher keine Täuschung der Bank, sondern ein Fehlverhalten gegenüber dem berechtigten Karteninhaber A dar.[139] Nach der betrugsspezifischen Auffassung liegt daher keine unbefugte Datenverwendung vor.[140]

dd) Meiner Meinung nach ist der dargestellten betrugsspezifischen **213**
Auffassung der Vorzug zu geben: Sie berücksichtigt die Strukturverwandtschaft zwischen § 263a StGB und § 263 StGB. Darüber hinaus spricht die gesetzgeberische Intention für diese Ansicht. Mit der Einführung des § 263a StGB sollten Strafbarkeitslücken geschlossen

---

[137] Vgl. *BGH* NJW 2002, 905 (906); dazu etwa *Kudlich*, JuS 2003, 537 ff.; siehe auch Lackner/Kühl/*Heger*, StGB, § 263a Rn. 13 f.; *Fischer*, StGB, § 263a Rn. 10 ff.

[138] Vgl. *Kempny*, JuS 2007, 1084 (1088); *BGH* NStZ 2005, 213.

[139] Vgl. *Fischer*, StGB, § 263a Rn. 13 m.w.N.

[140] Die Vertreter dieser Auffassung sind sich in dieser Konstellation uneins, weitere Nachweise bei *Kempny*, JuS 2007, 1084 ff.

werden, die durch eine Ersetzung des Menschen durch Computeranlagen entstanden waren.[141] Da der Betrugstatbestand wie bereits ausgeführt, die Täuschung eines Menschen voraussetzt, wird die unbefugte Bargeldbeschaffung am Geldautomaten nicht davon erfasst. Insoweit spricht die Nähe zu § 263 StGB als auch die Entwicklungsgeschichte der Vorschrift für die betrugsspezifische Auffassung.

214 Gegen die computerspezifische Auslegung spricht, dass mit ihr gerade die Fälle des Geldautomatenkartenmissbrauchs nicht erfasst werden, obgleich der Gesetzgeber den Tatbestand im Hinblick auf dieser Problematik eingeführt hat. Diese Auffassung ist daher zu eng.[142]

Gegen die subjektivierende Auslegung des Merkmals unbefugt lässt sich umgekehrt anführen, dass diese Auffassung zu weit ist. Letztlich soll nach dem Willen der Bank nur der berechtigte Karteninhaber die Karte nutzen und verwenden. Dennoch kann der Karteninhaber Dritte mit Abhebungen beauftragen. Soweit dieses Verhalten unter Strafe gestellt wird, führt dies zu einer ausufernden Strafbarkeit. Hierbei ist zu beachten, dass es sich im Ergebnis um untreueähnliches Verhalten handelt, der Tatbestand der Untreue aber gerade eine Vermögensbetreuungspflicht des Täters fordert, da nicht jede Vertragsverletzung strafrechtlich geahndet werden soll.[143]

215 b) Somit komme ich mit der betrugsspezifischen Auffassung zu dem Ergebnis, dass F nicht nach § 263a StGB strafbar ist, da keine unbefugte Verwendung von Daten vorliegt.

> Soweit Sie das Merkmal „unbefugt" bejahen, sind die weiteren Tatbestände ebenso zu prüfen, da Sie wie in einer Klausur ein Gutachten erstellen.

216 5. Nunmehr komme ich zu der Frage, ob sich F wegen Diebstahls gemäß § 242 Abs. 1 StGB strafbar gemacht hat, als sie den abredewidrig abgehobenen Betrag von 100 Euro an sich nahm.

a) Der objektive Tatbestand des Diebstahls verlangt die Wegnahme einer fremden beweglichen Sache.

aa) Es ist daher danach zu fragen, ob die Geldscheine für F fremd waren. Fremd ist eine Sache, die im Eigentum eines anderen steht. Hier hatte ursprünglich die Bank Eigentum an den Geldscheinen. Die Bank

---

141 *BGH* NJW 2002, 905 (906).
142 S. etwa *Fischer*, StGB, § 263a Rn. 10 ff.
143 *Kempny*, JuS 2007, 1084 (1085).

könnte die 100 Euro jedoch an F durch die Ausgabe am Geldautomaten gemäß § 929 BGB übereignet haben. Hier ist jedoch zu berücksichtigen, dass das Angebot der Bank auf Übereignung unter der Bedingung steht, dass der Geldautomat vertragsgemäß bedient wurde. Die Bank will das Geld nur an den berechtigten Karteninhaber übereignen.[144] Die dingliche Einigung als Rechtsgeschäft steht somit unter einer Bedingung. Da F diese Bedingung nicht erfüllt, liegt keine Übereignung vor. Das Geld ist für sie folglich eine fremde, bewegliche Sache.

bb) Weiterhin müsste F das Geld weggenommen, also den Gewahrsam der Bank gegen oder ohne ihren Willen gebrochen und neuen, nicht notwendigerweise eigenen Gewahrsam begründet haben. **217**

Dem könnte entgegenstehen, dass der Bankautomat das Geld an F herausgegeben hat. Nach dem äußeren Erscheinungsbild liegt damit kein Gewahrsamsbruch vor. Allerdings könnte wiederum eine Bedingung vorliegen: Möglicherweise ist die Bank nur mit der Entnahme des Geldes bei vertragsgemäßer Nutzung des Geldautomaten durch den berechtigten Karteninhaber einverstanden. Allerdings handelt es sich bei der Übergabe des Geldes – im Gegensatz zur dinglichen Einigung – nicht um ein Rechtsgeschäft, sondern um einen Realakt. Dieser kann nicht mit einer Bedingung verknüpft werden.[145]

b) Da somit die Bank freiwillig den Gewahrsam aufgegeben hat, liegt ein tatbestandsausschließendes Einverständnis der Bank vor mit der Folge, dass eine Wegnahme durch F ausscheidet. Eine Strafbarkeit der F wegen Diebstahls entfällt damit.

6. Somit ist eine Strafbarkeit der F wegen Unterschlagung des abredewidrig abgehobenen Geldes gemäß § 246 Abs. 1 StGB zu prüfen.[146] **218**

a) Wie bereits dargelegt, handelte es sich bei dem ausgegebenen Geld für F um fremde, bewegliche Sachen. Diese müsste sie sich zugeeignet haben.

F hat absprachewidrig 100 Euro mehr abgehoben als mit A verabredet, und sie hat dieses Geld für eigene Zwecke verwendet. Durch das

---

[144] *OLG Stuttgart* NJW 1987, 666 f.; s.a. BGH NStZ 1992, 180 f.; a.A. z.B. *BayObLG* NJW 1987, 663 (664); *Krey/Hellmann/Heinrich*, BT/2, Rn. 743. Zum Ganzen auch *Huff*, NJW 1987, 815 ff.

[145] Vgl. *Kempny*, JuS 2007, 1084 (1088).

[146] Zum Verhältnis § 246/§ 263a StGB s. BGHSt 38, 120 (125): Lackner/Kühl/*Heger*, StGB, § 263a Rn. 28 m.w.N.

Ausgeben des Geldes hat sie ihren Zueignungswillen auch nach außen betätigt.

219 b) F handelte hierbei auch vorsätzlich. F hatte keinen Anspruch auf die 100 Euro, die Rechtswidrigkeit der Zueignung liegt daher auch vor. Zudem hatte sie Vorsatz hinsichtlich der Rechtswidrigkeit der Zueignung.

F handelte auch rechtswidrig und schuldhaft.

7. F ist demnach gemäß § 246 Abs. 1 StGB wegen Unterschlagung strafbar.

Ich danke Ihnen für Ihre Aufmerksamkeit.

C. Literatur zur Vertiefung

Hecker, Strafrecht BT: Gewerbs- und bandenmäßig begangener Computerbetrug, JuS 2017, 274; *Wachter*, Grundfälle zum Computerbetrug, JuS 2017, 723 ff.; *Kempny*, Überblick zu den Geldkartendelikten, JuS 2007, 1084 ff.; *Zöller*, Die Segnungen des bargeldlosen Zahlungsverkehrs, Jura 2003, 637 ff.; *Kudlich*, Computerbetrug und Scheckkartenmissbrauch durch den berechtigten Karteninhaber – BHG, NJW 2002, 905, JuS 2003, 537 ff.; *Eisele/Fad*, Strafrechtliche Verantwortlichkeit beim Missbrauch kartengestützter Zahlungssysteme, Jura 2002, 305 ff.; *Zielinski*, Scheck- und Kreditkartenmissbrauch, JR 2002, 342 f.; *Jerouschek/Kölbel*, Widerspenstige Automaten, JuS 2001, 780 ff.; *Thoss*, „Unerlaubte Kreditschöpfung“, JA 2000, 671 ff.

Aufgabe 9: „Geschenkt ist geschenkt“

A. Aufgabenstellung

1. Ausgangsfall: A war mal wieder auf Diebestour. Aus einem Wohnungseinbruch bringt er einen Laptop mit. A erlaubt seiner Verlobten V, mit der er zusammenlebt, dass sie den Laptop mit benutzen darf. Von Zeit zu Zeit nutzt daher V den Laptop, um ihren Freundinnen E-Mails zu schreiben, die übrige Zeit nutzt ihn A oder er steht in der Wohnung. V weiß, dass der Laptop aus einem Diebstahl stammt. Sie hat A wegen ähnlicher Vorfälle bereits öfter in der Untersuchungshaft besucht. **220**

2. Abwandlung: A hat diesmal Geld gestohlen. Er möchte V ein Geschenk machen und kauft ihr von dem Geld Ohrringe bei einem Juwelier. V, die genau weiß, wie A den Schmuck finanziert hat, freut sich und trägt die Ohrringe.

3. Abwandlung: Wie unter Ziffer 2, V begleitet den A jedoch zum Juwelier und sucht sich die Ohrringe selbst aus. Auch diesmal weiß sie, woher A das Geld hat.

Prüfen Sie die Strafbarkeit der V in allen drei Fällen!

4. A wird von der Polizei festgenommen, und bei einer Durchsuchung wird der Laptop gefunden. V hat nun genug von A und erzählt aufgebracht in ihrer Vernehmung bei der Polizei dem Polizeibeamten P, dass A den Laptop bei einem Wohnungseinbruch erbeutet hat. P hatte ihr zuvor erläutert, dass sie als Verlobte nicht gegen A aussagen müsse. Einige Wochen später wird A angeklagt. V hat sich wieder beruhigt und erklärt vor Gericht, dass sie als Verlobte keine Angaben machen möchte und sich auf ihr Zeugnisverweigerungsrecht beruft.

Kann das Gericht den Polizeibeamten P als Zeuge über das Gespräch mit V hören?

B. Lösungshinweise

I. Vortragsgliederung

1. Sachverhalt

2. Ausgangsfall, Strafbarkeit der V nach § 259 StGB
   a) Rechtswidrige Vortat
   b) Sich-Verschaffen
   c) Ergebnis

3. Erste Abwandlung
   a) Rechtswidrige Vortat
      aa) Diebstahl
      bb) Betrug
   b) Ergebnis

4. Zweite Abwandlung
   a) Rechtswidrige Vortat
   b) Absatzhilfe/Straflose Ersatzhehlerei
   c) Ergebnis

5. Zusatzfrage: Zeugnisverweigerungsrecht
   a) § 250 StPO
   b) § 252 StPO
   c) Ergebnis

II. Vortragsvorschlag

221 Sehr geehrte Damen und Herren,

ich prüfe vorliegend die Strafbarkeit der V in drei Fällen. Einziges in Betracht kommendes Delikt ist jeweils die Hehlerei nach § 259 StGB.

1. Im ersten Fall hat ihr Verlobter A einen Laptop in die gemeinsame Wohnung gebracht. V ist bekannt, dass A das Gerät gestohlen hat. Dennoch benutzt sie es hin und wieder.

Im zweiten Fall hat A Geld gestohlen und kauft für die bösgläubige V hiervon Ohrringe, in Fall 3 begleitet die V den A und sucht sich Ohrringe aus.

222 2. Zunächst zum Ausgangsfall: V könnte sich durch die Benutzung des Laptops wegen einer Hehlerei nach § 259 Abs. 1 StGB strafbar gemacht haben.

a) Der objektive Tatbestand der Hehlerei verlangt als Tatobjekt eine Sache, „die ein anderer gestohlen oder sonst durch eine gegen fremdes Vermögen gerichtete rechtswidrige Tat erlangt hat“.

A hat vorliegend einen Diebstahl begangen, aus dem der Laptop stammt. Diese Tat richtete sich auch gegen fremdes Vermögen.

V ist nicht Täter oder Mittäter dieser Vortat gewesen, so dass auch die Tat eines anderen vorliegt.

V hat den Laptop in der gemeinsamen Wohnung für ihre Zwecke benutzt. Hierdurch könnte sie sich ihn verschafft und damit eine Hehlereihandlung begangen haben.

b) Ein „Sich-Verschaffen“ liegt vor, wenn der Täter eine eigene tatsächliche Verfügungsgewalt über die Sache im Einverständnis mit dem Vorbesitzer erlangt. Es handelt sich um einen vom Vortäter abgeleiteten Erwerb, der dazu führt, dass der Täter nunmehr über die Sache als eigene verfügen kann.[147] **223**

Der V müsste daher eine vom Willen des Vorbesitzers, also des A, unabhängige Verfügungsmacht eingeräumt sein. Dies würde voraussetzen, dass sie mit dem Laptop unabhängig vom Willen des A verfahren kann, beispielsweise veräußern. Unter Berücksichtigung der Tatsache, dass V zwar Mitgewahrsam hat, von A aber lediglich die Erlaubnis erhielt, den Laptop auch, das heißt neben A benutzen zu dürfen, ist hier nicht davon auszugehen, dass V unabhängig von A verfügungsberechtigt ist. Somit kann sie über die Sache nicht als eigene verfügen und es liegt kein „Sich-Verschaffen“ im Sinne des § 259 Abs. 1 StGB vor.

c) V ist daher im Ausgangsfall straflos.

3. In der ersten Fallabwandlung könnte V sich dadurch einer Hehlerei schuldig gemacht haben, dass sie die Ohrringe in Kenntnis der Umstände des Erwerbs an sich nahm. **224**

a) Tatobjekt der Hehlerei ist, wie bereits dargelegt, eine Sache, „die ein anderer gestohlen oder sonst durch eine gegen fremdes Vermögen gerichtete rechtswidrige Tat erlangt hat. Als Hehlereiobjekt kommen hier die Ohrringe in Frage, die A von dem gestohlenen Geld kaufte und sie dann der V schenkte. Es ist somit zu prüfen, ob diese Ohrringe taugliches Tatobjekt für eine Hehlereihandlung der V sind.

Der Wortlaut des Gesetzes – „eine Sache, die ein anderer gestohlen ... hat“ spricht zunächst dafür, dass das Tatobjekt unmittelbar durch

---

[147] *Wessels/Hillenkamp*, BT/2, Rn. 846; *Krey/Hellmann/Heinrich*, BT/2, Rn. 876.

ein rechtswidriges Vermögensdelikt erlangt sein muss. Sachen, die nur wirtschaftlich an die Stelle der durch die Vortat erlangten Sache getreten sind, scheiden demnach aus.

Neben dem Gesetzeswortlaut spricht auch der Sinn und Zweck des Tatbestandes für diese Sichtweise. Das Wesen der Hehlerei liegt in der Aufrechterhaltung der durch die Vortat geschaffenen rechtswidrigen Vermögenslage.[148] Dies besagt die zu der Hehlerei vertretene Perpetuierungstheorie. Die sog. Ersatzhehlerei ist daher straflos.

aa) Die Ohrringe selbst hat A nicht gestohlen, sondern er hat diese mit der Diebesbeute erworben. Damit sind die Ohrringe als Ersatz an die Stelle des gestohlenen Geldes getreten und stammen nicht unmittelbar aus dem Diebstahl, so dass eine Hehlerei an ihnen nicht möglich ist.

225 bb) Es fragt sich aber, ob A nicht gegenüber dem Juwelier einen Betrug gemäß § 263 Abs. 1 StGB begangen hat, indem er die Ohrringe mit gestohlenem Geld bezahlte. Insoweit könnten die Ohrringe aus einem Betrug und damit aus einer neuen Vermögensstraftat des A stammen.

Zu prüfen ist daher, ob A gegenüber dem Juwelier einen Betrug begangen hat.

A hat konkludent vorgespiegelt, dass er mit eigenem Geld die Ohrringe bezahlt. Insoweit hat er den Juwelier getäuscht, der dem A aufgrund des Irrtums die Ohrringe verkauft und übereignet hat. Eine Vermögensverfügung liegt daher auch vor. Zweifelhaft ist jedoch, ob ein Vermögensschaden eingetreten ist. Wegen § 935 Abs. 2 BGB hat der Juwelier Eigentum an den Geldscheinen gemäß § 929 BGB erworben. Es liegt aus diesem Grund kein Vermögensschaden des Juweliers vor, so dass A nicht nach § 263 Abs. 1 StGB strafbar ist.

b) Hinsichtlich der Ohrringe liegt daher eine straflose Ersatzhehlerei der V vor.

226 4. Ich komme nun zu der weiteren Abwandlung, in der V den A zum Kauf der Ohrringe begleitet und sie sich selbst aussucht. Es stellt sich die Frage, ob V in dieser Konstellation wegen Hehlerei nach § 259 Abs. 1 StGB strafbar ist.

a) Die für den Hehlereitatbestand erforderliche Vortat liegt vor. Hehlereiobjekt ist hier das erbeutetet Geld. V könnte vorliegend durch das Aussuchen der Ohrringe eine Hehlerei in Form der Absatzhilfe begangen haben.

---

[148] Vgl. *Krey/Hellmann/Heinrich*, BT/2, Rn. 854 ff.

b) Unter Absatzhilfe versteht man jede unselbständige, weisungsgebundene Unterstützung des Absatzvorgangs im Einvernehmen mit dem Vortäter.[149] Es handelt sich um eine zur Täterschaft erhobene Teilnahmehandlung.

V hat A begleitet und den Schmuck ausgesucht. Der Absatzvorgang besteht in der Übereignung des Geldes, hierbei hat sie ihn unterstützt.

Der BGH hält in diesen Fällen die Grenze der straflosen Ersatzheh- **227**
lerei für überschritten.[150]

Hiergegen lässt sich mit der überwiegenden Literatur einwenden, dass die V lediglich die Gegenleistung ausgesucht hat und daher unmittelbar den Absatzvorgang nicht unterstützt hat. Hinzu kommt, dass sie in ihrem eigenen Interesse handelt und nicht im Interesse des A.[151] Hinzufügen möchte ich noch die Kontrollüberlegung, dass A auch einen Gutschein für V hätte erwerben können, mit dem sie sich etwas später ein ihr gefallendes Schmuckstück aussuchen hätte können. In diesem Fall hätte V keinerlei Einflussnahme, auch nicht durch ein Aussuchen der Gegenleistung, beim Absetzen des Geldes nehmen können. Dieser Fall kann meines Erachtens aber nicht anders zu behandeln sein. Ich gebe daher der Literaturmeinung den Vorzug und verneine mit dieser eine Hehlereihandlung der V.

c) V ist daher auch in dieser Fallkonstellation straflos.

5. Abschließend werde ich nunmehr auf die strafprozessuale Zusatz- **228**
frage eingehen.

V hatte bei der Polizei als Zeugin Angaben zu dem von A begangenen Wohnungseinbruchsdiebstahl aus dem Ausgangsfall gemacht. In der Strafverhandlung gegen A beruft sie sich auf ihr Zeugnisverweigerungsrecht als Verlobte des A aus § 52 StPO und macht keine Angaben.

Es fragt sich daher, ob ihre bei der Polizei gemachten Angaben über eine Vernehmung des Polizeibeamten P eingeführt werden können.

a) Einem solchen Vorgehen könnte zunächst § 250 StPO entgegen- **229**
stehen, da hier der Polizeibeamte als Zeuge vom Hörensagen[152] vernommen werden soll.

Die Norm verbietet jedoch nicht die Vernehmung des Zeugen vom Hörensagen, sondern die Ersetzung des Zeugenbeweises durch den Urkundenbeweis. Dieser in der Norm enthaltene Unmittelbarkeitsgrundsatz bedeutet den Vorrang des Personalbeweises vor dem Urkun-

---

[149] Dazu etwa *Krey/Hellmann/Heinrich*, BT/2, Rn. 886.

[150] BGHSt 10, 1 ff.

[151] Vgl. Schönke/Schröder/*Stree*, StGB, § 259 Rn. 34, 39.

[152] Dazu bspw. Karlsruher Kommentar-StPO/*Diemer*, § 250 Rn. 10 ff.

denbeweis.[153] Eine Vernehmung des Polizeibeamten P steht § 250 StPO daher nicht entgegen.

230 b) Die Vernehmung des P könnte jedoch § 252 StPO verletzen.

Die Vorschrift ist aufgrund des hier bestehenden Zeugnisverweigerungsrechts anwendbar. Nach dem Wortlaut wird jedoch nur die Verlesung der Aussage eines zeugnisverweigerungsberechtigten Zeugen erfasst.

Der Vorschrift ist jedoch nach ständiger Rechtsprechung und herrschender Lehre ein über den Wortlaut hinausgehendes allgemeines Verwertungsverbot zu entnehmen. Es wird in der Regel jede Verwertung der früheren Aussage des V ausgeschlossen, damit auch die Vernehmung der Verhörsperson.[154]

231 Zur Begründung dieses Verwertungsverbots wird angeführt, dass dem zeugnisverweigerungsberechtigten Zeugen bis zur richterlichen Vernehmung in der Hauptverhandlung das Recht erhalten bleiben soll, von seinem Zeugnisverweigerungsrecht Gebrauch zu machen oder nicht.[155] Darüber hinaus wäre § 252 StPO als reines Verlesungsverbot neben § 250 StPO überflüssig, zumal dieses durch eine Vernehmung der Verhörsperson umgangen werden könnte.

c) Eine Vernehmung des Polizeibeamten ist daher aufgrund des bestehenden Verwertungsverbots nicht möglich.

Ich bedanke mich für Ihre Aufmerksamkeit!

C. Literatur zur Vertiefung

Jahn, Strafrecht BT: Hehlerei, JuS 2017, 1128 ff.; *Kasiske*, Fern-, Fort- und Frühwirkung von Beweisverwertungsverboten im Strafprozess, Jura 2017, 16 ff.; *Kudlich*, Also doch: Es bleibt bei der Wahlfeststellung, JA 2017, 870 ff.; *Berghäuser*, Sach- und Datenhehlerei – eine vergleichende Gegenüberstellung der §§ 202 d, 259 StGB, JA 2017, 244 ff.; *Fahl*, 17 Fragen zum Strafverfahrensrecht, JA 2006, 34 ff.; *Otto*, Zueignung und derivativer Erwerb, Jura 2005, 100 ff.; *Meyer-Mews*, Beweisverwertungsverbote im Strafverfahren, JuS 2004, 39 ff., 126 ff., 208 ff.; *Fürmann*, Das Zeugnisverweigerungsrecht der StPO – Eine Übersicht, JuS 2004, 303 ff.; *Zöller/Frohn*, Zehn Grundprobleme des Hehlereitatbestandes (§ 259 StGB), Jura 1999, 378 ff.

---

[153] Karlsruher Kommentar-StPO/*Diemer*, § 250 Rn. 1 f.; *Meyer-Goßner*/Schmitt, StPO, § 250 Rn. 1 ff.

[154] Zu den Ausnahmen vgl. Karlsruher Kommentar-StPO/*Diemer*, § 252 Rn. 1, 22 ff.; Meyer-Goßner/*Schmitt*, StPO, § 252 Rn. 14 f.

[155] Karlsruher Kommentar-StPO/*Diemer*, § 252 Rn. 1.

Aufgabe 10: Irrtümliches

A. Aufgabenstellung

Erläutern Sie folgende Begriffe: Tatbestandsirrtum, Subsumtionsirrtum (Bewertungsirrtum), untauglicher Versuch, Wahndelikt und bilden Sie jeweils Beispiele! **232**

B. Lösungshinweise

I. Vortragsgliederung

1. Tatbestandsirrtum
   a) Voraussetzungen, Rechtsgrundlage
   b) Beispiel

2. Subsumtionsirrtum (Bewertungsirrtum)
   a) Voraussetzungen, Beispiel
   b) Grundsätzliche Unbeachtlichkeit
   c) Ausnahme: Parallelwertung in der Laiensphäre bei normativen Tatbestandsmerkmalen

3. Untauglicher Versuch
   a) Beispiel
   b) Grundsätzliche Strafbarkeit
   c) Sonderfälle
      aa) § 23 Abs. 3 StGB („Trottelprivileg“)
      bb) Abergläubischer Versuch

4. Wahndelikt
   a) Voraussetzungen
   b) Konstellationen
      aa) Imaginierte Strafnorm
      bb) Zu weite Auslegung eines Straftatbestands
      cc) Zu enge Interpretation eines Rechtfertigungsgrunds
      dd) Unkenntnis eines Strafausschließungsgrunds

II. Vortragsvorschlag

233 Sehr geehrte Damen und Herren,

in meinem Vortrag stelle ich insgesamt vier Irrtumskonstellationen dar. Es handelt sich hierbei um die Begriffe Tatbestandsirrtum, Subsumtionsirrtum, untauglicher Versuch und Wahndelikt.

1. Ich beginne mit der Erläuterung des Tatbestandsirrtums.

a) Ein solcher liegt vor, wenn der Täter irrig Umstände für gegeben hält, bei deren tatsächlichem Vorliegen der Tatbestand nicht erfüllt wäre.[156]

---

[156] S. hierzu z.B. *Gropp*, AT, § 13 Rn. 13; *Krey/Esser*, AT, Rn. 423; *Wessels/Beulke/Satzger*, AT, Rn. 356.

Dieser Irrtum ist in § 16 Abs. 1 S.1 StGB geregelt und lässt den Vorsatz entfallen. Zu prüfen ist gemäß § 16 Abs. 1 S. 2 StGB in diesen Fällen, ob eine Strafbarkeit wegen eines Fahrlässigkeitsdelikts besteht. Erst an dieser Stelle kann dann eine mögliche Vermeidbarkeit des Irrtums thematisiert werden. Diese Frage spielt im Rahmen der vorsätzlichen Tatbegehung gerade keine Rolle.

b) Als Beispiel für einen Tatbestandsirrtum möchte ich folgenden **234**
Sachverhalt darstellen:

T besitzt eine Pistole und möchte mit dieser zur Probe einige Schüsse abgeben. Er geht zu einem Schrottplatz, auf dem er keine Menschen vermutet und zielt auf eine Regentonne, die dort steht. In dieser hatte sich ein Kind versteckt, weil es bei seinem unerlaubten Spiel auf dem Schrottplatz nicht erwischt werden wollte. T erschießt das Kind durch die Tonne hindurch.

Hier ist ersichtlich der objektive Tatbestand jedenfalls des § 212 StGB erfüllt. Es könnte jedoch ein vorsatzausschließender Tatbestandsirrtum nach § 16 Abs. 1 S. 1 StGB vorliegen.

T ging davon aus, dass er auf eine leere, alte Regentonne schießt und damit keinen Menschen gefährdet oder tötet. Lägen diese von T vorgestellten Umstände vor, wäre der Tatbestand des § 212 StGB nicht erfüllt. Insoweit handelte er im Hinblick auf die Tötung des Kindes vorsatzlos. Es bleibt dann anschließend zu prüfen, ob er sich wegen einer fahrlässigen Tötung gemäß § 222 StGB strafbar gemacht hat.

2. Von dem soeben dargestellten Tatbestandsirrtum ist der sog. Sub- **235**
sumtionsirrtum oder Bewertungsirrtum abzugrenzen, der grundsätzlich unbeachtlich ist und den Vorsatz nicht berührt.[157]

a) Ein solcher liegt vor, wenn der Täter sein Verhalten in tatsächlicher Hinsicht voll erfasst hat und lediglich einer rechtlichen Fehleinschätzung unterliegt.

Als Beispiel ist hier zu nennen, dass T aus Ärger über den A die Luft aus den Reifen des PKW des A lässt. Hierbei hat er vollständige Faktenkenntnis. T glaubt jedoch, dass er nicht wegen Sachbeschädigung gemäß § 303 StGB strafbar ist, weil dies seiner Auffassung nach eine Substanzverletzung voraussetzt, an der es hier fehle. Man könne die Reifen schließlich wieder aufpumpen.

b) Hier ist in der Prüfung des Falles zunächst zu fragen, ob ein vor- **236**
satzausschließender Irrtum vorliegt, also ein Tatbestandsirrtum.

---

[157] Zu diesem z.B. *Gropp*, AT, § 13 Rn. 44; *Krey/Esser*, AT, Rn. 419; *Wessels/Beulke/Satzger,* AT, Rn. 352.

T kannte im vorliegenden Fall alle tatsächlichen Umstände bei seinem Handeln. Er hielt sein Handeln lediglich nicht für strafbar, da nach seinem Verständnis mangels Substanzverletzung keine Sachbeschädigung vorliegt. Gleichwohl hat er bei seinem Handeln erkannt, dass er durch das Ablassen der Luft die bestimmungsgemäße Brauchbarkeit des PKW beeinträchtigt hat. Diese rechtliche Fehleinschätzung[158] ist für die Frage des Vorsatzes unbeachtlich. Der Tatbestandsvorsatz setzt lediglich die Tatsachenkenntnis des Täters voraus. Er muss den Subsumtionsvorgang nicht nachvollziehen können. Andernfalls könnten im Ergebnis nur Juristen vorsätzlich handeln.[159]

In dem von mir gebildeten Beispielsfall wäre anschließend im Rahmen der Schuld zu prüfen, ob ein Verbotsirrtum gemäß § 17 StGB in Betracht kommt.

237 c) Das von mir eben dargestellte Ergebnis zum Subsumtionsirrtum hat jedoch eine Ausnahme, die ich anhand eines weiteren Beispiels erläutern möchte.

T hat von A einige medizinische Lehrbücher erworben, die A aufgrund des erfolgreichen Abschluss einer Zwischenprüfung nicht mehr benötigt. Sie haben einen schriftlichen Kaufvertrag geschlossen, A verweigert jedoch die Herausgabe. T nimmt in einem unbeobachteten Moment die Bücher an sich. Er ist der Auffassung, dass er mit Abschluss des Kaufvertrages Eigentümer wurde.

Im Rahmen der Prüfung des Vorsatzes ist hier zu thematisieren, dass T annahm, er sei Eigentümer der Bücher. Aus seiner Sicht waren diese keine fremden Sachen. Die tatsächlichen Umstände seiner Tat hatte er jedoch erfasst, er unterliegt damit keinem Tatbestandsirrtum, der den Vorsatz entfallen lässt. Vielmehr handelt es sich hier um einen Subsumtionsirrtum, der grundsätzlich den Vorsatz nicht entfallen lässt.

238 An dieser Stelle ist jedoch eine Differenzierung zwischen deskriptiven und normativen Tatbestandsmerkmalen vorzunehmen. Deskriptive Tatbestandsmerkmale sind solche, die man sinnlich erfassen kann. Es sind beschreibende Merkmale.[160] Normative Tatbestandsmerkmale hingegen sind solche, die nur mit Hilfe einer rechtlichen Wertung erfasst werden können.[161] Beispielhaft ist hier die Fremdheit der Sache bei einem Diebstahl zu nennen, oder die Rechtswidrigkeit der Bereicherungsabsicht bei Vermögensdelikten.

---

[158] S. BGHSt 13, 207 ff.; *Wessels/Hillenkamp*, BT/2, Rn. 23 ff., 35.
[159] So treffend *Wessels/Beulke/Satzger*, AT, Rn. 351.
[160] *Krey/Esser*, AT, Rn. 414; *Wessels/Beulke/Satzger*, AT, Rn. 352.
[161] *Krey/Esser*, AT, Rn. 415; *Wessels/Beulke/Satzger*, AT, Rn. 353.

Während bei den deskriptiven Tatbestandsmerkmalen der Tatbestandsvorsatz lediglich Tatsachenkenntnis des Täters erfordert, muss bei den normativen Tatbestandsmerkmalen zusätzlich eine sog. Parallelwertung in der Laiensphäre vorliegen. Das bedeutet, dass der Täter den rechtlich-sozialen Bedeutungsgehalt nach Laienart zumindest nachvollziehen können muss.[162]

In dem genannten Beispiel hat T das Abstraktionsprinzip des BGB verkannt. Nach seiner Vorstellung nimmt er die „eigenen" Bücher an sich. Er ist der Auffassung, dass sie ihm „gehören". Es fehlt bei ihm damit an einer entsprechenden Parallelwertung in der Laiensphäre. Insoweit führt sein Irrtum über ein normatives Tatbestandsmerkmal dazu, dass der Vorsatz entfällt.

3. Ich wende mich nunmehr dem Begriff des untauglichen Versuchs **239**
zu. Hierbei handelt es sich um einen „umgekehrten Tatbestandsirrtum", da sich der Täter zu seinen Ungunsten ein in Wirklichkeit nicht vorliegendes Tatbestandsmerkmal vorstellt. Während sich der Täter beim Tatbestandsirrtum zu seinen Gunsten irrt, unterliegt er im Rahmen des untauglichen Versuchs einer Fehlvorstellung zu seinen Ungunsten.[163] Ich möchte folgendes Beispiel der Erläuterung voranstellen:

a) T will den bettlägerigen O umbringen. Er gibt auf den vermeintlich schlafenden O einen Schuss ab und trifft auch. Tatsächlich war O jedoch einige Minuten zuvor gestorben.

Da die Tat des T hier nicht vollendet ist – O war bereits tot – ist eine Strafbarkeit des T wegen versuchten Totschlags zu prüfen.

Die Tat wurde nicht vollendet und der Versuch ist gemäß §§ 212, **240**
12, 23 Abs. 1 StGB strafbar. Ferner müsste der T mit Tatentschluss gehandelt haben. T wollte O durch einen Schuss töten. Aufgrund der tatsächlichen Umstände konnte die Tat jedoch nur nach der Vorstellung des T, nicht jedoch nach den objektiven Gegebenheiten zur Verwirklichung gelangen. O stellt insofern kein taugliches Tatobjekt dar.

Insoweit könnte ein untauglicher Versuch vorliegen. Hierbei geht der Täter irrig von Umständen aus, bei deren tatsächlichem Vorliegen der Tatbestand erfüllt wäre. Mithin handelt es sich um einen umgekehrten Tatbestandsirrtum. Ein solcher untauglicher Versuch ist grundsätzlich strafbar und der Irrtum des Täters insoweit unbeachtlich.

---

[162] *Krey/Esser*, AT, Rn. 415; *Wessels/Beulke/Satzger,* AT, Rn. 353 m.w.N.

[163] Vgl. *Krey/Esser*, AT, Rn. 1252; *Wessels/Beulke/Satzger,* AT, Rn. 358, 859.

241 b) Diese grundsätzliche Strafbarkeit des untauglichen Versuchs ergibt sich zum einen aus dem Strafgrund des Versuchs, zum anderen aus § 23 Abs. 3 StGB.

Strafgrund des Versuchs ist die Betätigung des rechtsfeindlichen Willens.[164] T hat in dem vorliegenden Fall ebenso wie ein Täter bei einem tauglichen Versuch seinen rechtsfeindlichen Willen gezeigt. Insoweit besteht keine Veranlassung, diesen Fall anders zu behandeln. Dieses Ergebnis wird auch durch einen Umkehrschluss zu § 23 Abs. 3 StGB – Versuch aus grobem Unverstand – bestätigt. Bei einem Versuch aus grobem Unverstand besteht die Möglichkeit von Strafe abzusehen oder diese zu mildern. Strafbar bleibt das Verhalten gleichwohl. Da § 23 Abs. 3 StGB ein besonderer Fall des untauglichen Versuchs ist, kann der untaugliche Versuch nicht grundsätzlich straflos sein.

242 c) Ich komme nun zu zwei Sonderfällen des untauglichen Versuchs.[165]

aa) Zunächst möchte ich auf die bereits angesprochene Vorschrift des § 23 Abs. 3 StGB eingehen. Wenn der Täter aus grobem Unverstand nicht erkennt, dass sein Verhalten nicht zu einer Vollendung führen kann, kann das Gericht von Strafe absehen, oder diese mildern. Unter diese Norm sind Fälle zu subsumieren, bei denen der Täter völlig abwegige Vorstellungen von gemeinhin bekannten Ursachen hat.[166] Zu nennen ist hier beispielhaft ein Abtreibungsversuch durch das Trinken von Tee oder der Versuch, mit einem Luftgewehr ein hochfliegendes Flugzeug abzuschießen.

bb) Ein weiterer Sonderfall ist der abergläubische Versuch.[167] Beispielhaft ist hier ein Täter zu nennen, der sein Opfer durch Verhexen töten möchte. In einem solchen Fall fehlt es bereits am Tatentschluss, also am Tatbestandsvorsatz, da das, was der Täter sich vorstellt, nicht realisierbar ist. Der Unterschied zu dem Versuch aus grobem Unverstand liegt darin, dass der Täter des abergläubischen Versuchs grundsätzlich straflos ist.

243 4. Ich komme nun abschließend zum sog. Wahndelikt. Dieses ist straflos und insoweit von dem strafbaren untauglichen Versuch abzugrenzen.

a) Bei einem Wahndelikt unterliegt der Täter keinem Irrtum in tatsächlicher Hinsicht, vielmehr bewertet er den Sachverhalt rechtlich falsch. Er geht davon aus, dass sein Handeln strafbar ist, obgleich dies

---

164 *Krey/Esser*, AT, Rn. 1204.
165 Dazu *Heinrich*, Jura 1998, 393 ff.
166 *Lackner/Kühl*, StGB, § 23 Rn. 8; *Fischer*, StGB § 23 Rn. 7.
167 *Wessels/Beulke/Satzger,* AT, Rn. 861; s.a. *Kudlich*, JZ 2004, 72 ff.

tatsächlich nicht der Fall ist.[168] Eine solche Irrtumskonstellation liegt beispielsweise dann vor, wenn der Täter von der Strafbarkeit ehebrecherischen Verhaltens ausgeht.

Es handelt sich somit um einen umgekehrten Subsumtionsirrtum.

Der Täter erfasst den Sachverhalt wie bei dem bereits dargestellten Subsumtionsirrtum zutreffend, nur dass er im Fall des Wahndelikts sich zu seinen Ungunsten irrt, also von der Strafbarkeit seines Verhaltens ausgeht, während er beim Subsumtionsirrtum einer für ihn „günstigen" Fehlvorstellung unterliegt.

b) Ein Wahndelikt kann in unterschiedlichen Konstellationen vor- **244**
liegen, je nachdem, auf welcher Ebene der Täter sein Verhalten falsch einordnet. Ich möchte im Folgenden vier Fallgruppen zum Wahndelikt darlegen:[169]

aa) Erstens handelt es sich um einen Fall des Wahndelikts, wenn sich jemand die Existenz einer Strafnorm vorstellt, die es tatsächlich gar nicht gibt. Zu nennen ist hier das bereits oben angeführte Beispiel der irrtümlich angenommenen Strafbarkeit ehebrecherischen Verhaltens.

bb) Als zweiten Unterfall möchte ich die Situation nennen, dass der Täter bei vollständiger Sachverhaltskenntnis den Tatbestand einer real existierenden Strafnorm zu seinen Ungunsten ausdehnt und damit fälschlich annimmt, sein Verhalten sei von der Strafnorm erfasst. Zu denken ist hier an folgende Situation: Jemand verursacht ohne Beteiligung anderer einen Verkehrsunfall, bei dem ausschließlich er selbst Schaden erleidet. Er ist der unrichtigen Überzeugung, dass er einer Wartepflicht unterliegt, fährt aber dennoch davon.[170] Hier geht der Täter von der Strafbarkeit seines Verhaltens aus, das jedoch nicht vom Tatbestand des unerlaubten Entfernens vom Unfallort erfasst wird. Da in einer solchen Situation keine weiteren Beteiligten ein Interesse an der Aufklärung des Geschehens haben unterliegt der Täter nicht der Feststellungspflicht des § 142 StGB.[171]

cc) Eine dritte Ausprägung dieser Irrtumskonstellation liegt vor, **245**
wenn der Täter die Grenzen eines Rechtfertigungsgrundes zu seinen Ungunsten zu eng zieht. Das ist beispielsweise bei der Notwehr der Fall, wenn er glaubt, dass diese nur zum Schutz von Leib oder Leben und nicht von anderen Rechtsgütern zulässig sei.

---

[168] *Wessels/Beulke/Satzger,* AT, Rn. 863.
[169] S. hierzu *Wessels/Beulke/Satzger,* AT, Rn. 864 ff. .
[170] BGHSt 8, 263 ff.
[171] BGHSt 8, 263 (266).

246 dd) Zuletzt möchte ich auf die Konstellation eingehen, dass der Täter sein Verhalten für strafbar hält, weil er einen zu seinen Gunsten eingreifenden persönlichen Strafausschließungsgrund nicht kennt. Hier ist etwa an § 258 Abs. 6 StGB zu denken. Der Täter einer Strafvereitelung bleibt straffrei, wenn er die Tat zugunsten eines Angehörigen begeht. Handelt daher der Täter in Unkenntnis dieses persönlichen Strafausschließungsgrundes, liegt ein strafloses Wahndelikt vor.

Ich danke Ihnen für Ihre Aufmerksamkeit!

C. Literatur zur Vertiefung

Sternberg-Lieben/Sternberg-Lieben, Der Tatumstandsirrtum (§ 16 I 1 StGB), JuS 2012, 289 ff.; *Knobloch*, Examensrelevante Irrtümer im Strafrecht – Eine systematische Darstellung, JuS 2010, 864 ff.; *Exner*, Kompendium der strafrechtlichen Irrtumslehre, ZJS 2009, 516 ff.; *Küper*, § 16 II StGB: eine Irrtumsregelung im Schatten der allgemeinen Strafrechtslehre, Jura 2007, 260 ff.; *Lubig*, Die Auswirkungen von Personenverwechslungen auf übrige Tatbeteiligte – Zur Abgrenzung von Motiv- und Tatbestandsirrtümern, Jura 2006, 655 ff.; *Schmitz*, Die Abgrenzung von strafbarem Versuch und Wahndelikt, Jura 2003, 593 ff.; *Plaschke*, Ein Nagetier schreibt Rechtsgeschichte – Der Doppelirrtum im Strafrecht, Jura 2001, 235 ff.; *Seier/Gaude*, Untaugliche, grob unverständige und abergläubische Versuche, JuS 1999, 456 ff.; *Heinrich*, Die Abgrenzung von untauglichem, grob unverständigem und abergläubischem Versuch, Jura 1998, 393 ff.

Aufgabe 11: Der Katzenkönig

A. Aufgabenstellung

Frau H und die Herren P und R lebten in einem von Mystizismus, Scheinerkenntnis und Irrglauben geprägten neurotischen Beziehungsgeflecht. H und P nutzten die leichte Beeinflussbarkeit des R, der als Polizeibeamter tätig war, aus und brachten ihn unter Vorspiegelung hypnotischer und hellseherischer Fähigkeiten dazu, an die Existenz des „Katzenkönigs“ zu glauben, der seit Jahrtausenden das Böse verkörpere.[172] 247

Als die H von der Heirat ihres früheren Freundes mit der Frau A erfuhr, entschloss sie sich, diese aus Hass und Eifersucht unter Ausnutzung des Aberglaubens des R durch diesen töten zu lassen. P, mit dem sie darüber sprach, sah für sich die Möglichkeit, den R als unerwünschten Nebenbuhler loszuwerden. Im Einverständnis mit P redete die H dem R ein, dass der „Katzenkönig“ wegen der vielen von ihm begangenen Sünden ein Menschenopfer in Gestalt der A fordere. Anderenfalls müssten Millionen von Menschen sterben. R wies auf das fünfte Gebot hin und hatte erhebliche Gewissensbisse. H und P beschwichtigten ihn jedoch damit, dass das Tötungsverbot in diesem Fall nicht gelte und der R durch seine Untätigkeit das Leben vieler Menschen in Gefahr bringe. Schließlich gab R nach. H und P erteilten ihm daraufhin genaue Anweisungen für die Tatausführung. Die ahnungslose A sollte von R in ihrem Blumenladen heimtückisch erstochen werden.

Nachdem R plangemäß der A bereits mehrere Stiche mit einem Messer im Halsbereich versetzt hatte, eilten dritte Personen dem Opfer zu Hilfe. R floh daraufhin; A überlebte.

R wurde wegen versuchten Mordes verurteilt. Weder gelangten die §§ 32, 34, 35 StGB oder ein übergesetzlicher Notstand zur Anwendung noch wurde ein Erlaubnistatbestandsirrtum zu seinen Gunsten angenommen. Es wurde lediglich festgestellt, dass er sich in einem vermeidbaren Verbotsirrtum befand, da er bei gebührender Gewissensanspannung oder der Befragung einer Vertrauensperson hätte erkennen können, dass eine Abwägung Leben gegen Leben rechtlich unzulässig ist. Insoweit war der Irrtum für ihn vermeidbar. H und P wurden wegen versuchten Mordes in mittelbarer Täterschaft verurteilt.

---

[172] Vgl. BGHSt 35, 347 ff.

1. Leiten Sie das Ergebnis für H und P her und erläutern Sie die Besonderheit dieser Fallkonstellation. Gehen Sie hierbei ohne nähere Begründung von der Strafbarkeit des R wegen versuchten Mordes aus!

Bearbeitungshinweis: Der Sachverhalt braucht nicht wiedergegeben zu werden.

2. Nennen Sie weitere Fallgruppen, bei denen eine mittelbare Täterschaft bei vergleichbarer Grundproblematik angenommen wird!

3. Definieren Sie die Begriffe „Legalitätsprinzip" und „Opportunitätsprinzip"!

B. Lösungshinweise

I. Vortragsgliederung

1. „Katzenkönigfall“: Strafbarkeit von H und P
    - a) Allgemeines zur Täterschaft
    - b) Voraussetzungen der mittelbaren Täterschaft
        - aa) Verursachungsbeitrag, unterlegene/ überlegene Stellung
        - bb) „Werkzeugqualität“
            - (1) Problem: Kein Strafbarkeitsdefizit bei R
            - (2) Lösungsansätze in der Literatur
            - (3) Lösung des BGH
            - (4) Bewertung
2. Sonstige Erscheinungsformen des „Täters hinter dem Täter“
    - a) Mittelbare Täterschaft kraft Organisationsherrschaft
    - b) Manipulierter error in persona
3. Legalitäts- und Opportunitätsprinzip
    - a) Legalitätsprinzip
    - b) Opportunitätsprinzip

II. Vortragsvorschlag

Sehr geehrte Damen und Herren, **248**

in meinem Vortrag beschäftige ich mich in den ersten beiden Teilen mit einer Problemstellung im Rahmen der mittelbaren Täterschaft und erläutere in einem dritten Teil zwei Verfahrensgrundsätze der StPO.

1. a) Einleitend ist anzumerken, dass § 25 StGB drei Formen der Täterschaft nennt, nämlich im ersten Absatz die Alleintäterschaft und die mittelbare Täterschaft und im zweiten Absatz die Mittäterschaft. Ich beschäftige mich im Folgenden mit der mittelbaren Täterschaft und stelle zunächst die Entscheidung des BGH im sog. „Katzenkönigfall“ zur Strafbarkeit der nicht unmittelbar handelnden H und P dar.

b) In der Konstellation des Katzenkönigfalls haben weder H noch P **249** unmittelbar ein Merkmal des Mordtatbestandes verwirklicht. Es war allein R, der die Stiche ausführte und A verletzte.

Eine Täterschaft von H und P kommt bei einem derartigen Sachverhalt nur in Form der mittelbaren Täterschaft nach § 25 Abs. 1, 2. Alternative StGB in Betracht. Danach wird als Täter bestraft, wer die Tat durch einen anderen begeht.

Kennzeichnend für die mittelbare Täterschaft ist, dass sich der mittelbare Täter bei der Tatbestandsverwirklichung eines Tatmittlers in Gestalt einen menschlichen „Werkzeugs“ bedient. Dieser handelt für ihn. Weiterhin ist erforderlich, dass der Hintermann das Geschehen beherrscht und es kraft seines planvoll lenkenden Willens „in der Hand“ hält.[173] Die Tat erscheint daher letztlich als sein Werk.

250 aa) Die mittelbare Täterschaft verlangt somit, dass der Hintermann einen Verursachungsbeitrag setzt, der Vordermann eine unterlegene Stellung und der Hintermann kraft überlegenden Wissens und Wollens eine überlegene Stellung bei der Tatbegehung hat. Die unterlegene Stellung des Tatmittlers ergibt sich regelmäßig daraus, dass bei ihm ein Strafbarkeitsmangel vorliegt, er also nicht voll tatbestandsmäßig, nicht rechtswidrig oder nicht voll verantwortlich handelt.[174]

H und P haben im vorliegenden Fall R zu der Tat veranlasst. Sie haben in ihm den Entschluss zur Tötung der A geweckt und die Tatausführung beeinflusst. Der erforderliche Verursachungsbeitrag liegt damit bei ihnen vor.

251 bb) Mit Blick auf das grundsätzliche Erfordernis einer unterlegenen Stellung des Vordermanns, das auch mit dem Begriff „Werkzeugqualität“ beschrieben wird, besteht vorliegend eine Problematik, die sich aus der – laut Sachverhalt nicht zu hinterfragenden – Strafbarkeit des R ergibt. Ich möchte kurz auf diese Problematik eingehen, um auf diese Weise die Besonderheit dieser Fallkonstellation darzustellen.

R hat auf die A mehrfach eingestochen. Da A den Angriff überlebt hat, hat sich R dadurch (nur) wegen versuchten Mordes gemäß §§ 212, 211 Abs. 1, Abs. 2, 22, 23, 12 StGB strafbar gemacht. R handelte rechtswidrig und schuldhaft und ist auch nicht strafbefreiend gemäß § 24 StGB zurückgetreten.

252 (1) Folglich besteht bei dem unmittelbar handelnden R kein Strafbarkeitsdefizit wie in den oben genannten Fallgruppen. R ist für seine Tat verantwortlich, er ist selbst Täter.

Es stellt sich daher die Frage, ob R dennoch die erforderliche Werkzeugqualität aufweist und eine mittelbare Täterschaft von H und P möglich ist, oder ob nur eine Teilnahme an der Tat des R in Betracht kommt. Hierzu werden unterschiedliche Auffassungen vertreten:[175]

---

[173] *Wessels/Beulke/Satzger*, AT, Rn. 771.

[174] *Wessels/Beulke/Satzger*, AT, Rn. 773.

[175] Zum Folgenden ausführlich *Hillenkamp/Cornelius*, AT, 21. Problem, S. 181 ff.

(2) Nach der Lehre vom Verantwortungsprinzip ist eine mittelbare Täterschaft in der hier vorliegenden Fallkonstellation nicht möglich. Diese Ansicht geht von dem Prinzip der Verantwortungsverlagerung aus und verneint demnach die Möglichkeit einer mittelbaren Täterschaft, sofern der Vordermann selbst verantwortlicher Täter ist.[176] Da R für seine Tat voll verantwortlich ist, entfiele demnach hier eine mittelbare Täterschaft von H und P.

(3) Der BGH hat im Katzenkönigfall die Ansicht vertreten, es han- **253**
dele sich um ein „offenes Wertungsproblem". Ebenso wie die überwiegenden Stimmen in der Literatur folgt er nicht der Lehre vom Verantwortungsprinzip, sondern stellt in den Fällen des vermeidbaren Verbotsirrtums des unmittelbar Handelnden bei der Frage, ob der Hintermann mittelbarer Täter ist, auf das Kriterium der vom Täterwillen getragenen objektiven Tatherrschaft ab.[177] Bei dieser Frage ist auf den jeweiligen Einzelfall einzugehen, starre Regeln existieren nicht. Von Bedeutung sind die Art und Tragweite des Irrtums sowie die Intensität der Einwirkung des Hintermannes.

Mittelbarer Täter eines Tötungsdelikts bzw. eines versuchten Tötungsdelikts ist folglich jedenfalls derjenige, der mit Hilfe des von ihm bewusst hervorgerufenen Irrtums das Geschehen gewollt auslöst und steuert, so dass der Irrende bei wertender Betrachtung als ein – wenn auch (noch) schuldhaft handelndes –Werkzeug anzusehen ist.[178]

Eine solche Fallgestaltung lag nach Auffassung des BGH hier vor. **254**
H und P haben durch die Beeinflussung des labilen R in diesem eine Wahnidee hervorgerufen und diese für ihre Zwecke ausgenutzt. Sie haben ihre Einflussmöglichkeiten zur Steuerung der Tatbegehung eingesetzt, die Bedenken des R zerstreut und wesentliche Teile der Tatausführung bestimmt. Aufgrund dieser Beherrschung des Geschehens sieht der BGH die Tatherrschaft von H und P kraft ihres überlegenen Wissens als gegeben an.

Eine Mittäterschaft von H und P verneinte der BGH hingegen unter Hinweis darauf, dass R seine Tathandlung keinem der Hintermänner habe zurechnen lassen wollen.

(4) Für die Auffassung des BGH, eine wertende Betrachtung des **255**
Einzelfalls vorzunehmen, sprechen meiner Ansicht nach die folgenden Erwägungen:

---

[176] Vgl. *Jescheck/Weigend*, AT, S. 653 mit Fn. 34, 669; *Krey/Esser*, AT, Rn. 875 ff., 939 f.

[177] BGHSt 35, 347 (353).

[178] BGHSt 35, 347 (354). Ebenso z.B. *Gropp*, AT, § 10 Rn. 70 ff.; *Wessels/Beulke/Satzger*, AT, Rn. 784.

Die Lehre vom Verantwortungsprinzip stellt bei der Abgrenzung zwischen mittelbarerer Täterschaft und Teilnahme bei einem Verbotsirrtum des Vordermanns ausschließlich auf die Frage der Vermeidbarkeit des Irrtums ab. Ist der Irrtum unvermeidbar und handelt der Vordermann ohne Schuld, liegt ein Strafbarkeitsdefizit vor und eine mittelbare Täterschaft ist möglich. Anders ist dies, wenn der Irrtum vermeidbar war. Dann ist dieser Ansicht zufolge eine mittelbare Täterschaft des Hintermannes ausgeschlossen.

256 Die Vermeidbarkeit des Irrtums ist jedoch kein taugliches Abgrenzungskriterium für die Frage, ob eine mittelbare Täterschaft oder eine Teilnahme des Hintermannes vorliegt. Denn in beiden Fällen handelt der Vordermann ohne Unrechtsbewusstsein. Er hätte lediglich bei einem vermeidbaren Irrtum zu der Kenntnis gelangen können, dass sein Handeln nicht erlaubt ist. Tatsächlich hatte er dieses Wissen nicht, was für das Vorliegen eines „Defekts" und damit für seine Werkzeugqualität spricht.[179] Insoweit kann nicht an die Vermeidbarkeit des Irrtums angeknüpft werden, da dies den bestehenden „Defekt" nicht zu beseitigen vermag.

Ein derart enges Verständnis von der mittelbaren Täterschaft, wie ihn die Lehre vom Verantwortungsprinzip vertritt, wird auch nicht vom Wortlaut des § 25 Abs. 1 StGB verlangt. Zutreffend hat der BGH hierzu ausgeführt, dass der Gesetzgeber angesichts der Vielgestaltigkeit der Täterschaftsformen bewusst auf die Festlegung ihrer Voraussetzungen im Einzelnen verzichtet hat.[180]

257 2. Abschließend zur mittelbaren Täterschaft möchte ich kurz zwei weitere Fallgruppen des „Täters hinter dem Täter" erläutern.

a) Hierbei handelt es sich zum einen um die mittelbare Täterschaft kraft Organisationsherrschaft, wie sie beim Missbrauch staatlicher Machtbefugnisse oder in Verbindung mit mafiaähnlichen Strukturen angenommen wird.[181]

Beispielhaft ist hier der Schießbefehl der DDR zur Verhinderung von Fluchtversuchen an der innerdeutschen Grenze zu nennen. Kennzeichnend für diese Fallgruppe ist, dass die Hintermänner aufgrund ihrer Organisationsherrschaft „vom Schreibtisch" aus unter Ausnutzung der Befehlshierarchien das Gesamtgeschehen bedingungslos nach ihrem Willen lenken können.

---

[179] BGHSt 35, 347 (353).

[180] BGHSt 35, 347 (353).

[181] Schönke/Schröder/*Heine/Weißer*, StGB, § 25 Rn. 26 ff.; *Wessels/Beulke/Satzger*, AT, Rn. 783 m.w.N.

b) Eine weitere Fallgruppe betrifft den durch den Hintermann manipulierten error in persona des Vordermannes, bei der ebenfalls diskutiert wird, ob eine Bestrafung des Hintermannes als mittelbarer Täter oder als Teilnehmer in Betracht kommt.[182]

3. Ich komme nunmehr zu der letzten Fragestellung, die die Erläuterung zweier Verfahrensgrundsätze betrifft, nämlich das Legalitäts- und das Opportunitätsprinzip. **258**

a) Das Legalitätsprinzip ist in §§ 152 Abs. 2 und 170 Abs. 1 StPO verankert. Es verpflichtete die Staatsanwaltschaft bei Anhaltspunkten für eine Straftat Ermittlungen einzuleiten und bei einem hinreichenden Tatverdacht Anklage zu erheben.[183] Somit besteht für die staatlichen Strafverfolgungsbehörden ein gesetzlicher Verfolgungszwang. Dieser Zwang dient der Absicherung der Gleichbehandlung aller Bürger in Anbetracht des staatlichen Gewaltmonopols.

b) Das Legalitätsprinzip wird durch das Opportunitätsprinzip durchbrochen.[184] Den Strafverfolgungsbehörden wird hierdurch die Möglichkeit eröffnet, trotz an sich bestehender Verfolgungsvoraussetzungen von der Verfolgung abzusehen. So können insbesondere Straftaten, die eher Bagatellcharakter haben, nach den §§ 153 ff. StPO eingestellt werden. **259**

Ich danke Ihnen für Ihre Aufmerksamkeit.

C. Literatur zur Vertiefung

Hein, Die Einstellung des Strafverfahrens aus Opportunitätsgründen, JuS 2013, 899 ff.; *Nestler*, Strafverfahren zwischen Wirtschaftlichkeit und Legalitätsprinzip, JA 2012, 88 ff.; *Fritzsche-Brandt*, Die zivil-, verwaltungs-, und strafprozessualen Verfahrensgrundsätze im Überblick, JA 2009, 625 ff.; *Schwarz*, Verfassungsgewährleistungen im Strafverfahren, Jura 2007, 334 ff.; *Pommer*, Das Legalitätsprinzip im Strafprozess, Jura 2007, 662 ff.; *Schulenburg*, Legalitäts- und Opportunitätsprinzip im Strafverfahren, JuS 2004, 765 ff.; *Kretschmer*, Der abergläubische Irrtum in seiner strafrechtlichen Irrelevanz, JR

---

[182] Vgl. Schönke/Schröder/*Heine/Weißer*, StGB, § 25 Rn. 24 ; *Gropp*, AT, § 10 Rn. 77 ff.

[183] Meyer-Goßner/*Schmitt*, StPO, § 152 Rn. 2; näher *Pommer*, Jura 2007, 662 ff.; Karlsruher Kommentar-StPO/*Schoreit*, § 152 Rn. 2, 13 ff.; *Schulenburg*, JuS 2004, 765 (765 f.).

[184] Meyer-Goßner/*Schmitt*, StPO, § 152 Rn. 7; *Schulenburg*, JuS 2004, 765 (767 f.).

2004, 444 ff.; *Kudlich*, Katzenkönig & Co. – Übersinnliches vor den Strafgerichten, JA 2004, 72 ff.; *Küper*, JZ 1989, 617 f. und 935 ff.; *Schumann*, NStZ 1990, 32 ff.; *Schaffstein*, NStZ 1989, 153 ff.; *Roßmüller/Rohrer*, Keine Rechtserheblichkeit der abergläubischen Gefahrvorstellung?, Jura 1990, 582 ff. (alles Anmerkungen zu BGHSt 35, 347 ff.); *Herzberg*, Abergläubische Gefahrabwendung und mittelbare Täterschaft durch Ausnutzung eines Verbotsirrtums, Jura 1990, 16 ff.

Kurzübersicht: Aufbau und Zeiteinteilung

Die nachfolgende Übersicht stellt den grundlegenden Aufbau eines Kurzvortrags noch einmal grafisch dar und enthält Angaben zum zeitlichen Ausmaß der einzelnen Abschnitte bei einem zehnminütigen Vortrag. Anders als beim Aktenvortrag im Zweiten Examen[185] bestehen angesichts der Vielzahl möglicher Vortragsgestaltungen im Ersten Examen keine klar strukturierten, stets abzuarbeitenden Prüfungspunkte; die hier wiedergegebene Darstellung liefert daher ersichtlich nur ein grobes Raster und muss insbesondere im Hauptteil an die jeweilige Themenstellung angepasst werden.

Begrüßungsformel → Rn. 73	---
Einleitung → Rn. 74	½ Minute
Ggf. Darstellung des Sachverhalts → Rn. 74	2 Minuten
Hauptteil: *Entweder* Fallösung → Rn. 26 ff. *Oder* Themenerörterung → Rn. 42	7 Minuten
Abschluss, Zusammenfassung → Rn. 78	½ Minute
Dank für die Aufmerksamkeit → Rn. 78	---

185 S. die entsprechende Übersicht bei *Jäckel*, Der zivilrechtliche Aktenvortrag im Assessorexamen, 2016, S. 83.

Anhang

A. Auszüge aus den Prüfungsvorschriften

I. Berlin

Aus der Ausbildungs- und Prüfungsordnung für Juristinnen und Juristen im Land Berlin (Berliner Juristenausbildungsordnung – JAO) vom 4. August 2003 (GVBl. S. 298); zuletzt geändert durch Art. 18 des Gesetzes vom 19. Dezember 2017 (GVBl. S. 695):

§ 9 Abs. 2: „Die mündliche Prüfung besteht aus einem zehnminütigen Vortrag mit einem anschließenden längstens fünfminütigem Vertiefungsgespräch sowie einem Prüfungsgespräch in drei Abschnitten. [...] Mit dem Vortrag soll der Prüfling neben Rechtskenntnissen seine Fähigkeit zur mündlichen Darstellung und Diskussion rechtlicher Fragen zeigen. Das Rechtsgebiet des Vortrages wählt der Prüfling; die Aufgabe für den Vortrag bestimmt das Gemeinsame Juristische Prüfungsamt. Trifft der Prüfling seine Wahl nicht rechtzeitig [...], bestimmt das Gemeinsame Juristische Prüfungsamt auch das Rechtsgebiet. Die Vorbereitungszeit beträgt eine Stunde."

§ 10 Abs. 2: „[...] Die Aufsichtsarbeiten sind mit einem Anteil von 63 vom Hundert, der Vortrag mit 13 vom Hundert und die drei Abschnitte des Prüfungsgespräches mit je 8 vom Hundert zu berücksichtigen. [...]"

II. Brandenburg

Aus der Ausbildungs- und Prüfungsordnung für Juristen im Land Brandenburg (Brandenburgische Juristenausbildungsordnung – BbgJAO) vom 6. August 2003 (GVBl. II/03 S. 438), zuletzt geändert durch Art. 1 Zweite ÄndVO vom 22. 11. 2010 (GVBl. II Nr. 80 S. 1):

§ 9 Abs. 2: „Die mündliche Prüfung besteht aus einem zehnminütigen Vortrag mit einem anschließenden, längstens fünfminütigem Vertiefungsgespräch sowie einem Prüfungsgespräch in drei Abschnitten. [...] Mit dem Vortrag soll der Prüfling neben Rechtskenntnissen seine Fähigkeit zur mündlichen Darstellung und Diskussion rechtlicher Fragen zeigen. Das Rechtsgebiet des Vortrages wählt der Prüfling; die Aufgabe für den Vortrag bestimmt das Gemeinsame Juristische Prüfungsamt. Trifft der Prüfling seine Wahl nicht rechtzeitig [...], bestimmt das Gemeinsame Juristische Prüfungsamt auch das Rechtsgebiet. Die Vorbereitungszeit beträgt eine Stunde."

§ 10 Abs. 2: „[…] Die Aufsichtsarbeiten sind mit einem Anteil von 63 vom Hundert, der Vortrag mit 13 vom Hundert und die drei Abschnitte des Prüfungsgespräches mit je acht vom Hundert zu berücksichtigen. […]“

III. Hamburg

Aus dem Hamburgisches Juristenausbildungsgesetz (HmbJAG) vom 11. Juni 2003 (HmbGVBl. 2003, S. 156), zuletzt geändert durch Gesetz vom 19. Mai 2017 (HmbGVBl., S. 143):

„§ 20 Inhalt und Gang der mündlichen Prüfung

(1) Die mündliche Prüfung ist in erster Linie eine Verständnisprüfung. Sie bezieht sich auf die Prüfungsgegenstände nach § 12. Die mündliche Prüfung besteht aus einem Vortrag und einem Prüfungsgespräch. Den Prüflingen werden die erforderlichen Gesetzestexte zur Verfügung gestellt.

(2) Durch den Vortrag, mit dem die mündliche Prüfung beginnt, werden insbesondere die Schlüsselqualifikationen geprüft. Die Aufgabenstellung für den Vortrag ist dem Prüfling am Prüfungstag zu übergeben. Die Vorbereitungszeit beträgt eine Stunde; Prüflingen mit Behinderungen kann die Zeit auf Antrag verlängert werden. Die Dauer des Vortrages darf 10 Minuten nicht überschreiten; anschließende Rückfragen sind möglich. Das Nähere regelt das Prüfungsamt.“

IV. Nordrhein-Westfalen

Aus dem Gesetz über die juristische Prüfung und den juristischen Vorbereitungsdienst (Juristenausbildungsgesetz Nordrhein-Westfalen – JAG NRW) vom 11. März 2003 (GV.NRW 2003, S. 135), zuletzt geändert durch Art. 14 DRModG NRWvom 14. Juni 2016 (GV.NRW 2016, S. 310, 642):

§ 10 Abs. 3: „Der mündliche Teil besteht aus einem Vortrag und einem Prüfungsgespräch. Der Vortrag geht dem Prüfungsgespräch voraus. Die Aufgabenstellung für den Vortrag ist dem Bürgerlichen Recht […], dem Strafrecht […] oder dem Öffentlichen Recht […], jeweils unter Einschluss der dazugehörigen Verfahrensrechte, zu entnehmen. […]“

§ 15 Abs. 4: „Die Aufgabenstellung für den Vortrag ist dem Prüfling am Prüfungstag zu übergeben. Die Vorbereitungszeit beträgt eine Stunde; köperbehinderten Studenten kann die Zeit auf Antrag um bis zu 30 Minuten verlängert werden. Die Dauer des Vortrages darf 12 Minuten nicht überschreiten.“

§ 18 Abs. 3: „[…] Es sind die Aufsichtsarbeiten mit einem Anteil von insgesamt 60 v. H., der Vortrag mit 10 v. H. und die Leistungen im Prüfungsgespräch mit einem Anteil von insgesamt 30 v. H. zu berücksichtigen. […]“

B. Merkblätter und Weisungen der Prüfungsämter

I. Berlin/Brandenburg

Gemeinsames Juristisches Prüfungsamt der Länder Berlin und Brandenburg, Hinweise zum Aktenvortrag:[186]

„Vortrag im ersten Staatsexamen (§ 9 Abs. 2 JAO 2003)

Nach den Bestimmungen der JAO 2003 wird bei der Prüfung auch im ersten Examen die mündliche Prüfung durch einen Vortrag mit einem anschließendem Vertiefungsgespräch eingeleitet. Die Vorbereitungszeit auf den Vortrag beträgt 1 Stunde; die Vortragszeit beträgt 10 Minuten. Es folgt ein Vertiefungsgespräch von längstens 5 Minuten Dauer. Mit dem Vortrag soll dem Prüfling die Möglichkeit gegeben werden, auch seine rhetorischen Fähigkeiten unter Beweis zustellen.

a) Der zeitliche Ablauf

Die Kandidaten erhalten den Aufgabentext am Morgen des Prüfungstages gestaffelt (in der Regel nach dem Alphabet) in einem Abstand von etwa 20 Minuten. Nach der einstündigen Vorbereitungszeit betreten sie der Reihe nach den Prüfungssaal und halten ihren Vortrag vor der Kommission. Für das Zeitmanagement während des zehnminütigen Vortrags ist der Kandidat verantwortlich. Direkt an den Vortrag schließt sich das Vertiefungsgespräch an, das der Fachprüfer führt.

Das Rechtsgebiet des Vortrags wählt der Kandidat, den Vortrag bestimmt das Prüfungsamt. Trifft der Prüfling seine Wahl nicht rechtzeitig (§ 4 Abs. 2 JAO), bestimmt das Prüfungsamt auch das Rechtsgebiet (§ 9 Abs. 2 JAO).

b) Die Gestaltung des Vortrags

Es sind unterschiedliche Einkleidungen für die Vortragsaufgabe denkbar. Die nachstehende Darstellung enthält Beispiele mit typischen Lösungsansätzen. Die Einzelheiten für die konkret zu bearbeitende Aufgabe im Examen werden sich jeweils aus dem der Aufgabe beigefügten Bearbeitungshinweis ergeben.

1. Der einfache Klausurfall

Dies ist die klassische Aufgabenstellung. Der Kandidat erhält einen kurzen Sachverhalt und hat die rechtliche Lösung darzustellen. Denkbar ist hier auch eine anwaltliche Beratungsaufgabe, bei der eine bestimmte Problemlösung erstrebt und der Mandant beraten werden soll, wie er das gewünschte Ergebnis erreichen kann.

---

[186] https://www.berlin.de/sen/justiz/juristenausbildung/juristische-pruefungen/vortrag_1_ex.pdf.

2. Der einfache Klausurfall mit thematischer Zusatzfrage
Dies sind Aufgaben, bei denen die Begutachtung eines bestimmten Sachverhaltes, etwa die Beschädigung einer Sache des Arbeitgebers durch den Arbeitnehmer oder die Androhung der Folter durch einen Polizeibeamten mit der Aufforderung verknüpft wird, die Rechtsentwicklung zu erläutern und die unterschiedlichen zu diesem Rechtsproblem vertretenen Lösungsansätze darzustellen.

3. Der thematische Vortrag
Der thematische Vortrag löst sich vom Fall. In seinem Mittelpunkt steht die Anforderung, ein bezeichnetes Rechtsproblem in seinen Bezügen darzustellen. Ausgangspunkt kann auch ein Zeitungsartikel, eine Pressemitteilung o.ä. mit der Bitte sein, die wesentlichen angesprochenen Rechtsprobleme zu skizzieren und die Rechtsentwicklung und die unterschiedlichen zu dem Problem vertretenen Rechtsmeinungen zu erläutern und hierzu wertend Stellung zu nehmen."

II. Hamburg

Aus den „Informationen zur Staatlichen Pflichtfachprüfung" des Justizprüfungsamtes bei dem Hanseatischen Oberlandesgericht, Stand: April 2017:[187]

„Die mündliche Prüfung beginnt mit dem Kurzvortrag (§ 20 Abs. 2 JAG). Die Aufgabenstellung wird den Kandidaten – zeitversetzt – jeweils eine Stunde vor dem Beginn des Vortrags übergeben. Ein Wahlrecht der Kandidaten hinsichtlich des Pflichtfaches, dem die Aufgabenstellung entnommen wird, besteht nicht. Die Aufgabe kann in der Bearbeitung eines juristischen Themas oder der Lösung eines einfach gelagerten Falles bestehen; auch insoweit besteht kein Wahlrecht der Kandidaten. Für die Vorbereitung des Vortrages sind von den Kandidaten jeweils die o.g. Gesetzessammlungen mitzubringen. Für den Vortrag und etwaige Rückfragen der Prüfungskommission stehen je Kandidat insgesamt fünfzehn Minuten zur Verfügung. Die Dauer des Vortrages des Kandidaten darf zehn Minuten nicht überschreiten."

III. Nordrhein-Westfalen

„Weisungen für den Vortrag in der staatlichen Pflichtfachprüfung[188]

I. Zielsetzung/Allgemeines
Durch den Vortrag sollen die Prüflinge zeigen, dass sie befähigt sind, nach kurzer Vorbereitung in freier Rede eine juristische Problemstellung zu präsentie-

---

[187] http://justiz.hamburg.de/contentblob/8512572/dced20ebacf76501334c02f abf6b2d4c/data/infoblatt-hmbjag-stand-april-2017.pdf.
[188] http://www.olg-duesseldorf.nrw.de/aufgaben/pruefungsamt/06jpa-a-z/06 muendliche_pruefung/06weisungen_vortrag/index.php.

ren sowie hierzu Position zu beziehen und diese unter richtiger Schwerpunktsetzung argumentativ zu begründen. Die Aufgabenstellung für den Vortrag wird dem Bürgerlichen Recht, dem Strafrecht oder dem Öffentlichen Recht, jeweils unter Einschluss der dazugehörenden Verfahrensrechte, entnommen. Es gibt Fallvorträge und Themenvorträge. Die Aufgabenstellung wird den Prüflingen am Prüfungstag übergeben. Die Vorbereitungszeit beträgt eine Stunde.

Der Vortrag soll bei einem Fallvortrag aus einer rechtlichen Würdigung in freier Rede bestehen. Bei einem Themenvortrag soll die Problemstellung strukturiert aufgearbeitet werden. Eine Wiedergabe des Sachverhaltes bzw. der Themenstellung ist nicht erforderlich. Die Einzelheiten der Bearbeitung ergeben sich aus dem Aufgabentext, insbesondere aus einem möglichen Bearbeitervermerk. Sowohl Vortragsform als auch Vortragsinhalt fließen in die Bewertung ein.

II. Gesetzestexte

Zur Vorbereitung des Vortrages dürfen nur die zur Verfügung gestellten Gesetzessammlungen als Hilfsmittel benutzt werden. Zugelassene Hilfsmittel sind: Schönfelder nebst Ergänzungsband, Sartorius I, v. Hippel/Rehborn. Ohne Rücksicht auf den Zeitpunkt des im Fall erfassten Geschehens sind die gesetzlichen Vorschriften in der Fassung anzuwenden, die in den jeweils zur Verfügung gestellten Gesetzessammlungen abgedruckt ist, soweit sich nicht aus dem Bearbeitervermerk etwas anderes ergibt.

III. Vortrag

Beim Vortrag können die Prüflinge Stichwortzettel benutzen. Das Ablesen einer schriftlichen Ausarbeitung entspricht nicht den Anforderungen an einen freien Vortrag (siehe Ziff. I). Der Vortrag darf die Dauer von 12 Minuten nicht überschreiten; er wird nach Ablauf dieser Zeit abgebrochen. Den Prüflingen werden während und nach dem Vortrag keine Fragen zur Ergänzung oder Klarstellung ihrer Ausführungen gestellt. Der Sachverhalt ist dem/der Vorsitzenden des Prüfungsausschusses im Anschluss an den Vortrag auszuhändigen.“

Stichwortverzeichnis

Die Angaben beziehen sich auf Randnummern.